"人工智能伦理、法律与治理"系列丛书

编 委 会

法律与人工智能高级导论

［美］伍德罗·巴菲尔德　［意大利］乌戈·帕加洛◎著
（Woodrow Barfield）　　　　（Ugo Pagallo）

苏苗罕◎译

Advanced Introduction
to Law and Artificial Intelligence

上海人民出版社

本丛书由同济大学上海市人工智能社会治理协同创新中心

组织策划和资助出版

丛书序

当前，在移动互联网、大数据、超级计算、传感网、脑科学等新理论新技术以及经济社会发展强烈需求的共同驱动下，新一代人工智能正在全球蓬勃发展，推动着经济社会各领域从数字化、网络化向智能化加速跃升。作为新一轮产业变革的核心驱动力，人工智能正深刻改变着人类的生产生活和消费方式以及思维模式，为经济发展和社会建设提供了新动能新机遇。

人工智能是影响面广的颠覆性技术，具有技术属性和社会属性高度融合的特征。它为经济社会发展带来了新机遇，也带来了新挑战，存在改变就业结构、冲击法律与社会伦理、侵犯个人隐私、挑战国际关系准则等问题，对政府管理、经济安全和社会稳定乃至全球治理产生深远影响。从国内外发展来看，人工智能的前期研发主要是由其技术属性推动，当其大规模嵌入社会与经济领域时，其社会属性有可能决定人工智能技术应用的成败。"技术"＋"规则"成为了各国人工智能发展的核心竞争力。各国在开展技术竞争的同时，也在人工智能治理方面抢占制度上的话语权和制高点。因此，在大力发展人工智能技术的同时，我们必须高度重视其社会属性，积极预防和有效应对其可能带来的各类风险挑战，确保人工智能健康发展。

人工智能是我国重大的国家战略科技力量之一，加快发展新一代人工智能是事关我国能否抓住新一轮科技革命和产业变革机遇的战略问题。我国在加大人工智能研发和应用力度的同时，高度重视对人工智能可能带来挑战的预判，最大限度地防范风险。习近平总书记多次强调，"要加强人工智能发展的潜在风险研判和防范，维护人民利益和国家安全，确保人工智能安全、可靠、可控"。2017年国务院发布的《新一代人工智能发展规划》也提出，要"加强人工智能相关法律、伦理和社会问题研究，建立保障人工智能健康发展的法律法规和伦理道德框架"，并力争"到2030年建成更加完善的人工智能法律法规、伦理规范和政策体系"。近年来，我国先后出台了《网络安全法》《数据安全法》《个人信息保护法》等一系列相关的法律法规，逐渐完善立法供给和适用；发布了《新一代人工智能治理原则——发展负责任的人工智能》《新一代人工智能伦理规范》，为从事人工智能相关活动的主体提供伦理指引。标准体系、行业规范以及各应用场景下细分领域的规制措施也在不断建立与完善。

人工智能产业正在成为各个地方经济转型的突破口。就上海而言，人工智能是上海重点布局的三大核心产业之一。为了推动人工智能"上海高地"建设，上海市先后出台了《关于本市推动新一代人工智能发展的实施意见》《关于加快推进人工智能高质量发展的实施办法》《关于建设人工智能上海高地　构建一流创新生态的行动方案（2019—2021年）》《上海市人工智能产业发展"十四五"规划》等政策文件。这些文件明确提出要"逐步建立人工智能风险评估和法治监管体系。开展人工智能领域信息安全、隐私保护、道德伦理、法规制度等研究";"打造更加安全的敏捷治理,秉承以人为本的理念,统筹发展和安全,健全法规体系、标准体系、监管体系,更好地以规范促发展,为全球人工智能治理贡献上海智慧,推动人工智能向更加有利于人类社会的方向发展。"此外,上海还制定和发布了《上海市数据条例》和《人工智能安全发展上海倡议》,并且正在推进人工智能产业发展和智能网联汽车等应用场景的立法工作,加强协同创新和可信人工智能研究,为上海构建人工智能治理体系和实现城市数字化转型提供了强大的制度和智力支撑。

重视人工智能伦理、法律与治理已成为世界各国的广泛共识。2021年联合国教科文组织通过了首份人工智能伦理问题全球性协议《人工智能伦理问题建议书》,倡导人工智能为人类、社会、环境以及生态系统服务,并预防其潜在风险。美国、欧盟、英国、日本也在积极制定人工智能的发展战略、治理原则、法律法规以及监管政策,同时相关的研究也取得了很多成果。但总体而言,对人工智能相关伦理、法律与治理问题的研究仍处于早期探索阶段,亟待政产学研协同创新,共同推进。

首先,人工智能技术本身正处于快速发展阶段。在新的信息环境下,新一代人工智能呈现出大数据智能、群体智能、跨媒体智能、混合增强智能和智能无人系统等技术方向和趋势。与此同时,与人工智能相关的元宇宙、Web3.0、区块链、量子信息等新兴科技迅速发展并开始与经济社会相融合。技术的不断发展将推动各领域的应用创新,进而将持续广泛甚至加速影响人类生产生活方式和思维模式,会不断产生新的伦理、法律、治理和社会问题需要理论与实务的回应。

其次,作为一种新兴颠覆性技术,人工智能是继互联网之后新一代"通用目的技术"，具有高度的延展性，可以嵌入到经济社会的方方面面。新一代人工智能的基本方法是数据驱动的算法，随着互联网、传感器等应用的普及，海量数据不断涌现，数据和知识在信息空间、物理空间和人类社会三元空间中的相互融合与互动将形成各种新计算，这些信息和数据环境的变化形成了新一代人工智能发展的外部驱动力。与此同时，人工智能技术在制造、农业、物流、金融、交通、娱乐、教育、医疗、养老、城市运行、社会治理等等经济社会领域具有广泛的应用性，将深刻地改变人们的生产生活方式和思维模式。我们可以看到，人工智能从研究、设计、开发到应用的全生命周期都与经济社会深深地融合在一起，而且彼此互动和影响将日趋复杂，这要求我们的研究也需要不断扩大和深入。

再次，我们不能仅仅将人工智能看成是一项技术，而更应该看到以人工智能为核心的智能时代的大背景。人类社会经历了从农业社会、工业社会再到信息社会的发展，当前我们正在快步迈向智能社会。在社会转型的时代背景下，以传统社会形态为基础的社会科学各学科知识体系需要不断更新迭代，以有效地研究、解释与解决由人工智能等新兴技术所引发的新的社会问题。在这一意义上，人工智能伦理、法律与治理的研究不仅可以服务于人工智能技术的发展，而且也给哲学、经济学、管理学、法学、社会学、政治学等社会科学带来了自我审视、自我更新、自我重构的机遇。在智能时代下如何发现新的研究对象和研究方法，从而更新学科知识，重构学科体系，这是社会科学研究的主体性和自主性的体现。这不仅关涉个别二级学科的研究，更是涉及一级学科层面上的整体更新，甚至需要多个学科交叉融合的研究。从更广阔和长远的视角来看，以人工智能为核心驱动力的智能社会转型为社会科学学科知识的更新迭代提供了良好契机。

纵观世界各国，人工智能技术的发展已经产生了广泛的社会影响，遍及认知、决策、就业和劳动、社交、交通、卫生保健、教育、媒体、信息获取、数字鸿沟、个人数据和消费者保护、环境、民主、法治、安全和治安、社会公正、基本权利（如表达自由、隐私、非歧视与偏见）、军事等众多领域。但是，目前对于人工智能技术应用带来的真实社会影响的测量和评价仍然是"盲区"，缺乏深度的实证研究，对于人工智能的治理框架以及对其社会影响的有效应对也需要进一步细化落地。相较于人工智能技术和产业的发展，关于人工智能伦理、安全、法律和治理的研究较为滞后，这不仅会制约我国人工智能的进一步发展，而且会影响智能时代下经济社会的健康稳定发展。整合多学科力量，加快人工智能伦理、法律和治理的研究，提升"风险预防"和"趋势预测"能力，是保障人工智能高质量发展的重要路径。我们需要通过政产学研结合的协同创新研究，以社会实验的方法对人工智能的社会影响进行综合分析评价，建立起技术、政策、民众三者之间的平衡关系，并通过法律法规、制度体系、伦理道德等措施反馈于技术发展的优化，推动"人工智能向善"。

在此背景下，2021年新一轮上海市协同创新中心建设中，依托同济大学建设的上海市人工智能社会治理协同创新中心正式获批成立。中心依托学校学科交叉融合的优势以及在人工智能及其治理领域的研究基础，汇聚法学、经管、人文、信息、自主智能无人系统科学中心等多学科和单位力量，联合相关协同单位共同开展人工智能相关法律、伦理和社会问题研究与人才培养，为人工智能治理贡献上海智慧，助力上海城市数字化转型和具有全球影响力的科技创新中心建设。

近年来，同济大学在人工智能研究和人才培养方面始终走在全国前列。目前学校聚集了一系列与人工智能相关的国家和省部级研究平台，包括：依托同济大学建设的教育部自主智能无人系统前沿科学中心，作为技术和研究主体的国家智能社会治理实验综合基地（上海杨浦），依托学校建设的上海自主智能无人系统科学中心、中国（上海）数字城市研究院、上海市人工智能社会治理协同创新中心，等等；2022年同济大学获批建设"自主智能无人系统"全国重点实验室。这些平台中既有涉及人工智能理论、技术与应用领域，也有涉及人工智能伦理、法律与治理领域，兼顾人工智能的技术属性和社会属性，面向智能社会发展开展学科建设和人才培养。同时，学校以人工智能赋能传统学科，推动传统学科更新迭代，实现多学科交叉融合，取得了一系列创新成果。在人才培养方面，学校在全国首批获得"人工智能"本科专业建设资格，2021年获批了"智能科学与技术"交叉学科博士点，建立了人工智能交叉人才培养新体系。

由上海市人工智能社会治理协同创新中心组织策划和资助出版的这套"人工智能伦理、法律与治理"系列丛书，聚焦人工智能相关法律、伦理、安全、治理和社会问题研究，内容涉及哲学、法学、经济学、管理学、社会学以及智能科学与技术等多个学科领域。我们将持续跟踪人工智能的发展及对人类社会产生的影响，充分利用学校的研究基础和学科优势，深入开展研究，与大家共同努力推动人工智能持续健康发展，推动"以人为本"的智能社会建设。

编委会

2022 年 8 月 8 日

伍德罗·巴菲尔德愿将本书献给Annie、Bailey、Bianca、Melissa、Paula和Jessica，以及将会生活在人工智能世界中的这一代学生们。

乌戈·帕加洛愿将本书献给他的姐姐Giulia和姐夫Victor。他们在40年前将乌戈·帕加洛带入人工智能的领域（以及挑战）之中。感谢他们，幸福的时光总是过得飞快。

致谢

我们感谢爱德华·埃尔加出版社（Edward Elgar Publishing）的斯蒂芬·哈里斯（Stephen Harries）作为策划编辑，与我们订立本书写作合同，同时感谢出版社的其他工作人员在本书出版过程中承担的营销和制作工作。我们还要感谢都灵大学的同事们，在与他们围绕人工智能、机器人学和其他相关主题进行的多次对话中，他们为我们分享了在法律和科技领域的洞见。

目　录

CONTENTS

导　论

本书的写作旨在提供与人工智能相关法律的高级导论，面向的读者包括法科学生、律师和其他不同学科的研究人员，便于他们理解当下法律如何适用于日益智能的人工智能系统。需要特别指出的是，在最近几年里，美国、澳大利亚以及亚洲和欧盟的法律学者和议员们对于受人工智能推动的技术提出立法规制草案的兴趣日益浓厚。[1]之所以如此，其部分原因在于因为智能系统给法律带来的众多挑战，这些系统日益智能、决策缺乏透明度，并且在免受人类输入和控制方面实现半自动或者全自动。

考虑到全球范围内对于规制人工智能的兴趣，我们对于这一主题采取了综合性的进路，以展示州、联邦和国际管辖层级存在的与人工智能有关的法律。我们认为这一进路可以让读者全面理解规制人工智能的现有努力，也充分了解美国、澳大利亚以及亚洲和欧盟正在试图形成人工智能法所采取的进路。这一进路也反映了我们的观点，即考虑到人工智能可以无缝地跨越各国边界，以及人工智能所引发的困扰国际社会的诸多法律问题，例如在国际冲突中使用智能武器，或者在商业交易中使用智能机器人，为了有效规制人工智能，国际社会有必要携手共同应对（进而在不同法域之间对人工智能的规制方法上实现趋同）。

本书在某种程度上是我们共同合作的《人工智能法律研究手册》（*Research Handbook on the Law of Artificial Intelligence*）的延伸。该研究手册同样是由爱德华·埃尔加出版社出版的，但是更多地面向二年级或者三年级的法科学生以及其他相关学科学生，以教材形式编写，关注的焦点是我们认为与人工智能相关的最重要的法律（以及政策）问题。[2] 本书则是希望能够为工程、计算机科学和社会科学等学科的人士提供知识资源，同时帮助执业律师对于法律如何适用于与人工智能相关的当下各类问题形成总体了解。

为了以简短的篇幅提供法律与人工智能的高级导论，按照爱德华·埃尔加出版社的高级导论系列丛书的要求，在人工智能发展给法律带来的诸多挑战中，我们选择了最为迫切的一些法律问题。需要指出的是，试图对于法律与人工智能控制的系统提供一个具有通贯性的框架，特别是以简明扼要的形式进行论述，是非常具有挑战性的工作；主要原因在于，许多法律领域，无论是民法还是刑法，都正在面临人工智能引导的各类实体（entities）的利用提出的挑战。例如，人工智能具身化为消费电器、公路、电网，作为数字助理、控制半自动武器，创造知识产权，并且帮助引导机器人实施可以挽救生命的手术。这些形形色色的例子引发的问题是，人工智能的法律规则需要考虑不同的应用场景，整体而言在这些场景中采用了类似的人工智能技术；还是规制人工智能的法律规则应当集中关注特定的应用场景，在这些场景中要求更有针对性的规则；抑或是并用上述两种进路。我们会在后续的章节中讨论诸如此类的问题。

以法律的角度考察人工智能，我们显然可以发现，人工智能在各种不同场景下的应用，已经对既有法律的众多领域构成了挑战。例如，当言论是由算法生成，并借助"智能"机器人或者我们的数字助理表达出来时，就会涉及宪法问题；在决策涉及社会上受压制群体时，算法如果存在偏见，则可以适用反歧视的法律规范。此外，人工智能驱动的机器人参与商业交易，就会涉及合同法；当人工智能跨越国界，或者作为呈堂证据时，就需要适用民事诉讼法。如果因为人工智能控制的机器（例如机器人）导致人身伤害或者财产损失，还需要适用侵权法，特别是过错（negligence）责任和产品责任。考虑到为规制人工智能提供法律框架的需要，加州最高法院（California Supreme Court）马里亚诺·奎利亚尔（Mariano Cuellar）法官认为，某种意义上似乎具备智能的机器已经无处不在，可能会在全球范围内加剧政治、规制和制度颠覆；仅仅基于这一理由，他认为法律可以在人工智能的设计和利用中扮演重要的角色。

人工智能研究包含了模仿人类行为的几个关键领域，包括推理、知识表达、规划、自然语言处理、认知和通用智能。随着人工智能实体比人类进行更多的推理，它们在社会中会更有价值，也更加无处不在，导致对既有法律构成挑战的一系列问题。

一是人工智能推理，包括完成人类可以完成的复杂的思维活动（mental tasks）（例如，下国际象棋、解答数学题）。

二是知识表达，即人工智能可以用来解决各类问题的有关真实世界事物的知识。在这一场景下，知识就是相关领域的可用信息，而表达则是由人工智能实体利用的知识形式。

三是规划和导航（Planning and navigation），包括人工智能控制的实体，例如机器人，如何从一个地方移动到另一个地方的过程。它包括确定安全和有效的路径，处理相关的物体（例如门），以及操纵实体物品。

四是自然语言处理，包括与用户之间的解释和传达语音。

五是人工智能的认知研究，包括提高计算机系统的能力，从而可以模仿人类利用感官获取和集成周遭世界之信息的方式，利用传感器来发现和感知数据。

尽管在不同国家和国际层面，例如美国、澳大利亚以及亚洲和欧盟正在采取措施确定如何规制人工智能，与此同时，还成立了若干委员会来讨论人工智能在社会中的作用[3]，随着人工智能变得越来越聪明和自主，在国家和国际层面采取更多的努力是有必要的。但是，正如接下来几章中所显示的，我们已经在一定程度上通过各种法律和规制机构对人工智能实施规制。正如加州最高法院法官奎利亚尔所指出的，无论是侵权法、合同法、知识产权法，还是消费者保护法，各种法律框架已经在裁决责任、所有权和损害赔偿的问题，甚至是在与日益智能的系统相关的案件之中。

在本书付梓之际，大多数的人工智能系统显然处于人类控制之下，因而对于众多以处理人类可罚性（human culpability）问题为设计初衷的既有的法律领域来说，也是合法调整对象（legitimate subject）。即使个人或者组织是在人工智能所控制的实体协助之下作出决策，这些法律依然适用。例如，在 Mracek v. Bryn Mawr Hosp.[4] 案中，在人工智能操作的手术导致损害之后，病人起诉医院，这一诉讼的发生原因是"达芬奇手术机器人"（da Vinci robot）发生故障之后，医生不得不继续完成这起手术。尽管无法使用智能机器人有一天可能会引发责任，但是即使是在将部分操作权交给机器人之时，人类依然负有避免事故发生的注意义务。在使用由人类和机器分享责任的半自主机器时，可能会引发这种法律责任。

但是，随着人工智能的自主性增强，当问题解决是发生在人工智能系统采用了超出人类对该系统理解程度的技术时，法律就会遭遇挑战，主要是因为今天存在的法律规范很多就是为了解释人类行为的一种逻辑延伸。例如，在有关刑事纠纷中，机器人对人类造成损害时，法院并不会考虑机器人是否具有实施殴击罪（assault and battery）的犯罪意图（mens rea）或者具有任何其他犯罪所要求的特定精神状态。无论是否智能，机器人从未成为诉讼被告人。而且，在一起涉及人工智能引导的机器引发的工业事故案件中，根据既定的侵权法规范，法院在确定过错时考察的不是机器本身而是其制造商或者其程序员，迄今还没有一家法院认定机器需要对所造成的人身损害或者财产损失承担法律责任。但是，随着人工智能变得越来越聪明，行动上更加自主，人类不再干预系统，法院将会要求谁来对所造成的损害承担责任呢？对此问题，法律家群体已然众说纷纭，给出了不同解决方案，绝不只是建议赋予人工智能控制的实体以法律人格，这相当于在某些法域赋予公司的权利，从而让人工智能控制的实体可以起诉或者被起诉，享有法律确立的其他权利。事实上，在欧洲，拟制法律人格（artificial legal persons）（例如社团或者公司）已经拥有 1950 年制定的《欧洲人权公约》所确立的某些人权，例如良心和宗教自由（第 9 条）、表达自由（第 10 条）、获得有效救济的权利（第 13 条）。在美国，除非法律另有规定，法律实体（例如公司或者非营利组织）应当被视为具有人格。1 U.S.C.§1 规定了如下解释规则[5]：

在确定国会任何立法的含义时，除非根据上下文另有含义，"人"（person）和"任何人"（whoever）包括公司（corporations, companies）、社团（associations）、企业、合伙、学会（societies）和联合股份公司（joint stock companies），以及个人。

随着人工智能变得越来越聪明、越来越自主，法院在对人工智能适用既有的法律规范时将会面临越来越为复杂的悖论；有时候，新的法律规范是必要的；还有些时候，既有的法律规范则需要改革。例如，反垄断法（或者欧盟的竞争法）对企业形成垄断地位施加限制，但是我们开始看到人工智能系统正在合谋，实施价格固定（price fixing），违反了反垄断的法律规定。随着人工智能越来越普遍适用于医疗等领域，我们也许需要重新思考什么才是过错或者执业事故之理论所要求的"合理注意"标准。正如加州最高法院法官奎利亚尔及其同事所指出的，无论人工智能变得如何先进，适用法律的律师和法官可能不得不承认各类组织有时候有充分的理由保持与人类互动——继续积累"作为标尺的机器"绩效，或者避免侵蚀组织的知识，导致组织变得脆弱，无力应对网络攻击或者技术故障。[6]以上例子提出了一个重要的问题，那就是采用不同水平的人工智能的（物理或者电子）系统内部存在各种不同水平的独立性，产生自主和半自主的实体，因而对于人工智能的任何规制都需要考虑到这类系统的行为可能会因为其智能程度和自主水平而存在差异。

当然，法律已经通过规制使用人工智能技术的人类的行为而影响着人工智能的利用，这一事实并不意味着现有的法律安排是最优的。正如奎利亚尔法官所指出的，任何有关法律应当如何应对人工智能带来挑战的讨论都应当基于这样的前提，即我们难以为以下做法辩护，即只要任何人使用人工智能控制的系统，我们就可以将某人视为基本不具有任何可罚性。这是一个有待法院解决的重大问题，但是未来可能会出现人工智能实体在不受人类操控的情况下独立运行的情况，从而在智能上超越人类，并且因而使得人类行为可能变得与法律纠纷无关。有的未来学家已经预测会出现这样的结果[7]，对于法律学者、议员和普通大众来说，在不久的将来也将开始讨论法律将如何需要应对势必会挑战众多法律领域的智能实体。[8]

我们之所以撰写这本书来讨论法律在规制人工智能的过程中的作用，是出于以下几重目的：

第一，就人工智能有关的法律提供最新的概括，以便为立法者和承担规制人工智能之任务的行政机关提供引导其工作的框架。

第二，采用可以作为教材的形式提供与人工智能有关的法律的概括，让法学院的二年级或者三年级学生，以及其他学科的学生获得这一科目的简要的入门知识。

xiii

第三，提供人工智能有关法律的概述，为刚开始涉足智能机器或者智能软件机器人相关诉讼的律师提供参考。

第四，重要的是，开始组织和展示法律和人工智能的法律框架，以此激发对下列问题的进一步讨论，即如何利用法律促进人工智能创新，同时在人工智能更加深入社会之时，保护相关各方当事人的权利。

在这本《法律与人工智能高级导论》中，我们的写作目的是对适用于人工智能的相关判例法、规章和制定法提供简要而深入的概述。为了达到这一目的，本书将分为十一章展开论述。第一章将介绍法律和人工智能的一般话题，包括定义和基本概念，引导读者了解后续章节提供的材料。我们也会为学科、诉讼主题领域，以及接受规制的技术等意义上的人工智能法提供基本框架。第二章会讨论因为人工智能的利用而受到影响的人权问题。第三章会提出受到人工智能利用影响的宪法问题，其中包括言论自由和刑事诉讼正当程序。第四章将基于不同视角讨论人工智能的法律人格问题。第五章将讨论在相关欧洲立法影响之下的人工智能数据保护问题。第六章将讨论侵权法与人工智能的问题。第七章将讨论刑法问题。第八章和第九章将讨论知识产权法与人工智能的问题，特别是著作权法和专利法。第十章将简要考察人工智能的利用所引发的若干商法问题。第十一章将以讨论法律和人工智能的未来方向结尾。

注释

1. 在美国，《2017 年人工智能未来法案》（the Fundamentally Understanding the Usability and Realistic Evolution（FUTURE）of Artificial Intelligence Act of 2017（HR 4625 / S 2217））要求商务部设立联邦咨询委员会，负责（1）在人工智能开发相关主题向商务部长提供咨询意见；（2）在该法颁布后 18 个月内向商务部长提交行政和立法建议。

2. W. Barfield and U. Pagallo, *Research Handbook on the Law of Artificial Intelligence*, Edward Elgar Publishing, Cheltenham, UK and Northampton, MA 2018.

3. 欧盟委员会提出了人工智能和机器人的欧洲进路。它涉及技术、道德、法律和社会经济等诸多方面内容以提高欧盟的研究和工业能力，并将人工智能服务于欧洲公民和经济。Also see below Chapter 3, Section 5.2.

4. Mracek v. Bryn Mawr Hosp., 2010 U.S. App. LEXIS 2015（3d Cir. Jan. 28, 2010）（unpublished opinion）, petition for cert. filed（No. 09-1324）.

5. US Code: Section 1. Words denoting number and gender.

6. See generally Justice Cuéllar on artificial intelligence and governing, 2020, accessed 27 July 2020 at http://www.atthelectern.com/justice-cuellar-on-artificial-intelligence-and-governing/; David F. Engstrom, Daniel E. Ho, Catherine M. Sharkey, and Mariano-Florentino Cuéllar, Opinion Contributors, 02/25/20, What to do about Artificially Intelligent Government, The Hill, accessed 27 July 2020 at https://thehill.com/opinion/technology/483878-what-to-do-about-artificially- intelligent-government.

7. R. Kurzweil, *The Singularity is Near: When Humans Transcend Biology*, Penguin Books, New York, USA 2006.

8. W. Barfield, *Cyber Humans: Our Future with Machines*, Copernicus Press, New York, USA 2015.

第一章 定义、行为主体和概念

第一节 引 言

为了后续章节论述的便利，第一章将对开发人工智能所需要的不同技术提供定义和展开讨论。本章还将介绍与法律和人工智能相关的基本概念，最后讨论现有的法律领域与人工智能技术之间的相互关系。

第二节 人工智能的定义与行为主体

作为我们讨论的起点，"智能"（intelligence）一词是指获取知识和技能，或者抽象推理的能力；人工智能则是指能够模仿或者再现人脑所体现的思维过程的程序。这通常会涉及观察或者获取输入以便用于解决问题，以及分类和识别不同事物及其属性的能力。法律特别感兴趣是因为人工智能的利用或者独立、自主的人工智能本身产生的权利和责任。约翰·麦卡锡（John McCarthy）在1956年发明了"人工智能"（Artificial Intelligence）一词，将其定义为"制造智能机器的科学和工程学"。人工智能的某些定义承认其过渡性质，例如伊莱恩·里奇（Elaine Rich）在《人工智能》（*Artificial Intelligence*）一书中将人工智能定义为"涉及如何让计算机做当下人类更为擅长的事情"。[1] 人工智能研究的先驱帕特里克·温斯顿（Patrick Winston）将人工智能定义为"对于让计算机变得智能的想法（ideas）的研究"。[2] 斯图尔特·拉塞尔（Stuart Russell）和彼得·诺维格（Peter Norvig）在其经典教材《人工智能：现代方法》（*Artificial Intelligence: A Modern Approach*）中提供了人工智能的八种定义，详见表1.1。[3]

表1.1　人工智能的定义，按照四类进行组织 [1]

像人类一样思考	理性地思考
"让人兴奋的新工作，即让计算机思考……成为事实上有思维的机器……"（Haugeland，1985） "我们将与决策、解题、学习等人类思维活动相关联之各类活动的自动化"（Beliman，1978）	"通过计算机模型的应用实现思维能力的研究"（Charniak and McDermott，1985） "让计算机能够具备感知、推理和行动能力的研究"（Winston，1992）
像人类一样行事	理性地行事
"制造一种机器的艺术，该机器可以承担由人类承担时所需要的智能的功能"（Kurzweil，1990） "对如何让计算机从事当下人类更为擅长的事务的研究"（Rich and Knight，1991）	"计算机智能是对智能体（intelligent agents）设计的研究"（Poole et al.，1998） "人工智能……涉及人工制品中的智能行为"（Nilsson，1998）

　　尽管各类学术文献中对人工智能给出了上述定义，但是现在的

[1] 来源：Stuart Russell and Peter Norvig, 2014（R.E. Beliman, *An Introduction to Artificial Intelligence: Can Computers Think?* Boyd and Fraser Publishing, San Francisco, CA 1978; E. Charniak and D. McDermott, *Introduction to Artificial Intelligence*, Addison-Wesley, Boston, MA 1985; J. Haugeland（ed.）, *Artificial Intelligence: The Very Idea*, MIT Press, Cambridge, MA 1985; R. Kurzweil, *The Age of Intelligent Machines*, MIT Press, Cambridge, MA 1990; N.J. Nilsson, *Artificial Intelligence: A New Synthesis*, Morgan Kaufmann Publishers Inc., San Francisco, CA 1998; D. Poole, A. Mackworth, and R. Goebel, Computational Intelligence: A Logical Approach, Oxford University Press, New York, USA 1998; E. Rich and K. Knight, *Artificial Intelligence*, 2nd ed., McGraw Hill, New York, USA 1991; P. Winston, *Artificial Intelligence and Engineering Approach*, McGraw Hill, New York, USA 1992）。

制定法很少对人工智能给出定义。本节将提供若干定义作为示例。

内华达州的制定法曾对人工智能定义如下："NV Rev Stat § 482A.020（2011），人工智能是指利用计算机和相关设备，让机器能够复制或者模仿人类的行为。"但是，2013 年内华达州议会废止了 § 482A.020。内华达州现在的制定法提到人工智能时，并没有提供定义；例如，在有关自动驾驶汽车的法律中就没有提供定义。提到人工智能而不提供"法定的定义"，这是普遍的做法。例如，§ 482A.150 规定：

> 在发生任何下列情形时，内华达州交通部可以暂扣、撤销或者拒绝更新自动驾驶汽车的测试许可证，或者拒绝向申请人颁发许可证：……（e）如果内华达州交通部有合理理由相信任何型号的自动驾驶汽车或者人工智能，以及获得许可证的自动驾驶汽车中所使用技术，出现了无法在本州公路上安全行驶的状况。

美国联邦政府层面正在考虑制定的一些法案，提到了人工智能，并对该术语作了界定。在美国国会提出的《2018 年国家人工智能安全委员会法案》（National Security Commission on the Artificial Intelligence Act of 2018）中规定，在政府行政分支内部设立独立委员会负责审查人工智能领域的进展。该法对于"人工智能"的定义包括下列情形：（1）在没有明显人为监督时，可以在变化和不可预测的情况下履行任务，或者在接触数据集时改进绩效的任何人工系统；（2）在计算机软件、物理硬件或者其他需要与人类相似的感知、认知、规划、学习、沟通或者物理动作的场景中开发的人工系统；（3）为了像人类一样思考或者行动（包括认知结构和神经网

2

络）而设计的人工系统；（4）为了接近于认知任务而设计的一系列技术，包括机器学习；（5）为了理性行动而设计，可以实现利用感知、规划、推理、学习、沟通、决策和行动等目标的人工系统，包括软件智能体或者机器人。

美国国会还在审议的一部法案，即《2019年人工智能就业机会和背景概要法案》（Artificial Intelligence Job Opportunities and Background Summary Act of 2019），关注的焦点是21世纪的人工智能劳动力（workforce）。根据该法的规定，"人工智能"是指以下系统：（1）像人类一样思考（包括认知结构和神经网络）；（2）像人类一样行动（例如利用自然语言处理、知识表达、自动化推理和学习等方式通过图灵测试）；（3）理性思维（例如逻辑问题的解决、推论和优化）；（4）理性行动（例如可以通过感知、规划、学习、沟通、决策和行动等实现目标的软件智能体或者机器人）；（5）自动化或者复制智能行为。

欧盟内部还设立了各种委员会和机构来审查人工智能对社会的影响。例如，2017年《欧洲议会有关人工智能的决议》（European Parliament's Resolution on AI）通过之后，欧盟内部对于法律与人工智能关系存在关系的文件还包括：

（1）2017年发布的《经济和社会委员会有关人工智能的意见》（the Economic and Social Committee's Opinion on AI）；（2）《欧盟的人工智能战略》（the European Commission's AI Strategy）；（3）2019年发布的《欧盟人工智能高级专家组工作报告》（the Work of High-Level Expert Groups（HLEG）on AI）；（4）欧洲委员会（Council of Europe）在人工智能与法律领域的工作。在2019年发布的《可信人工智能伦理指南》（Ethical Guidelines for Trustworthy AI）中，人

工智能高级专家组对人工智能定义如下：

> 人类设计的软件（可能也包含硬件）系统，它被赋予复杂目标，以物理或者数字方式，通过获取数据、解释所收集的结构化或者非结构化数据，在这些数据衍生的基础上进行知识推理或者信息处理，并决定可以采取的实现给定目标的最佳行为。

对于人工智能法来说，关键行为主体是"智能体"（agent）。斯图尔特·拉塞尔（Stuart Russell）和彼得·诺维格（Peter Norvig）将智能体描述为任何可以被视为通过传感器感知周遭环境，并且通过传动装置（actuator）对环境采取行动的任何事物。[4] 现在的人工智能大多数形式属于执行智能体任务的程序结果——主要是规划从感知（在任何时刻智能体的感知输入）到行动的路线。"人工智能程序"的计算设备上会安装有物理传感器和传动装置，这也被称为架构（architecture）。

人工智能法的另一项关键术语是自主性（autonomy）的概念。如果说智能体取决于其设计的在先知识而非其自身的命令（precepts），那么我们认为该智能体缺乏自主性。但是，理性的智能体是自主的（autonomous），有能力学习以弥补片面或者错误的知识问题。自主技术之定义，例子之一可以见于《加州汽车法典》§38750（California Vehicle Code），为了这一区分，适用下列定义："（a）'自主技术'是指无需人类操作员的积极物理控制或者监督，即可有能力驾驶汽车的技术。"在《德国道路交通法》（the German Road Traffic Act）第1（a）节中规定，"本法所指的具备高度或者完全自动驾驶功能的机动车是所配备技术一旦激活，能够控制机

4

动车，包括纵横向控制，以执行驾驶任务（机动车控制）"，并且"在机动车处于高度或者完全自动化模式控制时，能够遵守相关交通规则和机动车操作规定"。

2.1 限制领域人工智能与通用人工智能

为了继续讨论人工智能的核心概念，我们需要区分"通用"（强）人工智能与"限制领域"（弱）人工智能。人工智能如果主要是为了复现人类智能的某一功能或者某一方面，那么我们可以将其范围描述为"限制领域"（narrow）（本书第十一章将对这一区分进行详细论述）。限制领域人工智能通常涉及的是所开发的技术能够遵循算法提供的指令，实施预先规划的步骤，以实现人类为系统设定的目标。与为了下国际象棋而设计的智能软件一样，从事点焊（spot welding）等重复性动作的工业机器人就是限制领域人工智能的例子。需要指出的是，所举的这些人工智能的例子，在具体和限制领域获得专家水平的表现，在相关领域之外则不能成功回答问题；例如在物理、历史或者政治方面，甚至如何开拆信封之类的寻常活动上，在这些主题上，限制领域人工智能缺乏自然人所拥有的通用人工智能。

限制领域人工智能相关的法律问题主要是通过侵权法、合同法，以及过错责任、产品责任或者商法典上规定的使用担保等制度加以解决。例如，Jones v. W + M Automation, Inc. 案[5]，这起产品责任案件涉及的是机器人的抓手击伤了原告的头部，当时原告在安全隔离网的机器人一侧。机器人根据算法的指令，从事重复性工作，属于限制领域人工智能的例子。该案涉及的主要讼争点在于被告出售的机器人的龙门系统（gantry system）是否存在缺陷。原告基于严格责任、过错、没有尽到提示义务以及违反担保义务的法理提起诉讼。法院判定，被告有权获得即决判决（summary judgment），因为原告未能举证证明该系统存在缺陷。原告没有试图让机器人对损害负责，考虑到缺乏法人资格（在诉讼中成为当事人的一项要求），任何此种权利请求本来都可以由法院通过即决判决予以驳回。

与各种形式的限制领域人工智能相比，通用人工智能可以复制与自然人相似的人类智能水平。目前还没有什么人工智能系统可以实现以通用人工智能进行运行，美国国家科学技术委员会的（the National Science and Technology Council）的技术委员会相关专家认为人类还需要几十年的时间才能达到通用人工智能（artificial "general" intelligence）的水平。[6]事实上，通用人工智能是否或者何时可以发展都有很多值得讨论之处（这一议题超出了本书的研究范围），但无论其结果如何，人工智能的智能水平都会提高并且继续对既有的法律领域带来挑战。但是，如果未来的人工智能实体实现了"与人类相似的"智能水平，从而代表了某种形式的通用人工智能，那么法院将会承担的一项职责便是考虑所有人工智能实体的认知能力和法律地位。

在法律语境中，"能力"（capacity）涉及的是确定纠纷当事人是否有能力理解法院的程序；实体的法人地位确定的是它是否可以作为诉讼程序的实际当事人，例如原告或者被告。目前各种人工智能均不具备法人地位，从而不能在法院审理的争议中作为当事人，但是此前已有先例赋予非自然人实体以法人权利。例如，在某些法域，法人可以被定义为私人（也就是说商业实体或者非政府组织）或者公共（亦即政府）组织。某一实体的法律地位，当然对赋予该实体的权利会有影响。我们注意到，允许获得法律承认的企业担任诉讼的原告或者被告，这样的商法规则可以作为将来赋予人工智能实体以权利的先例。

2.2 图灵测试

本节将要讨论的是图灵测试（Turing test），它是由英国数学家阿兰·麦席森·图灵（Alan Mathison Turing）在1950年提出的。图灵测试的基本目的在于确定人工智能是否达到了通用人工智能的水平，也就是说与人类无法区别的地步。尽管图灵测试对于确定法人地位或者赋予人工智能实体的权利而言并没有法律意义，但是人工智能研究的学者和法律学者对此进行了广泛讨论，因而有必要在此进行一番评述。[7]

图灵测试是确定计算机是否能够像人类一样思考的探究方法。[8]如果人工智能实体发展到了像人类一样思考的程度，也就是说，代表了一种通用人工智能，它将会参与众多要求人类判断和决策的活动，这就会引发若干重大的法律问题，例如追究损害赔偿责任的问题。最初的图灵测试，也被称为"模拟游戏"（Imitation Game），要求使用三台计算机终端，并且要求每台计算机终端都与其他两台计算机终端相互分离。一台终端由计算机操作，另外两台由人类操作。在测试期间，由一人担任提问者，而另一人和人工智能担任应答者。经过预先设定的时长或者问题之后，要求提问者判断哪一位应答者是人类，哪一位应答者是计算机。如果提问者无法准确地判断应答者是计算机还是人类，那么这台机器就通过了这项测试。

尽管法院并没有机会正式地考虑人工智能是否通过了图灵测试，但是我们需要注意的是，法官在诉讼程序中通过听审来确定自然人是否具有作为当事人的意识能力（mental capacity），或者具备订立合同和其他各种法律协议的能力。当事人被认定缺乏行为能力时，不能作为诉讼当事人或者合同主体。通常来说，缺乏行为能力，是指履行必要义务或专业义务所需的能力、知识、法律上的适格性或者适合性（fitness）。根据这一定义，我们可以认为现在的人工智能实体都是在法律上不具备行为能力的。这一结论，加上缺乏提起诉讼的原告资格，是人工智能进入法院体系成为诉讼当事人的主要障碍。

缺乏行为能力在法律上具有多重含义。当被用于描述个人参加诉讼程序所需的精神状态时，缺乏行为能力是指个人既不能理解诉讼程序的性质和后果，也缺乏足够的能力帮助律师完成辩护工作。当用于描述个人的法律适格性时，缺乏行为能力是指个人并不具有订立合同所需的法律上的行为能力。当用于描述职业义务时，是指个人缺乏完成职业任务所需的能力。[9] 相应地，对于联邦案件来说，法院已经同意采用缺乏行为能力标准以确认被告"现在是否具有合理程度的理性理解力来征求律师意见，以及对他不利的案件，是否具备理性的和事实上的理解能力"。[10] 我们通常需要进行心理学的评估，以确定是否具备行为能力（另一种形式的图灵测试），并就这一事实进行听审。我们是否需要将确定自然人精神行为能力的现有测试方法用于判断人工智能实体的精神行为能力，这一点还不得而知，但是上述简要的讨论可以让读者知道，至少对于自然人来说，法院已经承担起了判断参与民事和刑事诉讼的行为能力的责任。

2.2.1 CAPTCHA

为了网络安全目的，人们正在采用各种版本的"类图灵测试"（Turing-type test），它们已经成为"智能"机器人形式的人工智能相关诉讼的主题。例如，在 Craigslist v. Naturemarket, Inc. 案 [11] 中，讼争的问题是访问原告的网站，该网站上发布的使用条款（terms of use）协议对此作了规定。为了防止用户使用自动化的发帖机制来批量发布信息，原告采取了一系列安全措施，其中之一便是使用"全自动区分计算机和人类的全自动开放图灵软件"（Completely Automated Public Turing Software to tell Computers and Humans Apart，缩写 CAPTCHA）。[12]CAPTCHA 是一款典型的短时在线打字测试，可以轻松地通过该测试，但是在首次开发时，机器人难以完成该测试，正是因为这一原因，该测试采用了现在这一名称。在 Craigslist 案中，被告被永久性地禁止用自动化设施（亦即智能机器人）控制访问 Craiglist 享有著作权的网站的技术措施。有趣的是，CAPTCHA 类似反向图灵测试，其目的是区分何时是人类而非某种形式的人工智能在访问该网络。

关于人工智能控制的机器人，相关判例将会越来越多，立法应对也将随之出现。例如，2018 年加州通过了 S. B. 1001。该法规定，在加州，任何人在没有明确披露的情况下，利用机器人与他人进行沟通或互动，在明知的情况下欺骗他人使其相信沟通内容，意图让他人对其人工智能身份产生误解，从而在商业交易中刺激商品和服务的购买或者销售，或者影响选民投票，属于违法的行为。[13]

根据加州法律的规定，"机器人"（bot）的法律定义是："自动化在线账号，其全部或者大部分的行为或者发布的信息并非人为的结果。"根据加州法律的规定，承担义务的不是在线平台的服务提供商，包括但不限于网站托管（Web hosting）或互联网服务提供商（Internet service providers）。

第三节 人工智能的不同类型

3.1 算法

无论何种形式的人工智能，唯一不变的因素是应用算法和复杂的分析方法，采用编程语言实施，并且有能力作出决策、解决问题，"理解"口头和书面语言，取代了这一系统的控制回路（control loops）中的人类。算法是人工智能的"根本要素"，应当在讨论人工智能法时加以考虑。[14]

算法的应用业已表明在若干方面对法律构成挑战。例如，在专利诉讼中，法院已经有机会来考虑算法是否属于专利权客体（patentable subject matter）。例如，早在 1972 年判决的 Gottschalk v. Benson, et al.[15] 一案中涉及的就是对通用目的数字计算机进行编程，从而将二进码十进数形式（binary-coded decimal form）的信号转化为纯粹的二进制形式所采用的方法申请专利。最高法院讨论了该案所描述和主张的方法是否属于《美国专利法》（the US Patent Act）意义上的"工艺（process）"。道格拉斯（Douglas）大法官撰写的多数意见认为，"解决特定数学问题的程序即算法"。在 Gottschalk 案中，最高法院的理由是，既然算法作为数学，可以被视为抽象概念（abstract idea），而抽象概念根据《美国专利法》的规定不属于专利权客体，那么算法就不是专利权客体。最高法院在 Parker v. Flook[16] 和 Diamond v. Diehr[17] 案中继续讨论了这一问题。在 Parker v. Flook 案中，最高法院认定催化转化工艺中的预警限值（alarm limit）（用于显示异常状况）进行更新的算法不属于专利权客体。最高法院也指出，该发明不能成为专利权客体，"不是因为它包含了数学上的算法作为其内容，而是因为一旦推定算法属于在先工艺

（prior art）的内容，其后期应用在整体上就不包含可以作为专利权客体的发明了"。但是，在 Diamond v. Diehr 案中，最高法院认定算法可以作为专利权客体，如果它们构成更大型工艺（特别是将某种物体从一种状态转变为另一种状态时）的一部分。算法和人工智能的其他分析技术的专利适格性是一个仍在演变的法律领域，我们将在第九章进一步讨论。

　　算法引发法律共同体兴趣的另一个领域是它们是否构成了受保护的言论，从而应当获得宪法保护，具体而言，在美国即受到联邦宪法第一修正案的保护。杜克大学法学院斯图尔特·本杰明（Stuart Benjamin）教授在这一领域做了开创性的工作。[18] 他指出，言论自由法理的核心问题在于哪些活动是受第一修正案调整的。美国最高法院的法理为言论自由确立的范围非常广泛，最高法院还在众多判例中强化了其范围的宽度。本杰明教授指出，第一修正案（及其要求的强化保护）适用于众多基于算法的决策，特别是那些要求实体沟通（substantive communications）的决策。[19] 随着具有自然语言处理能力的人工智能系统日益普遍，言论自由的法律如何适用于这些系统，将会成为有待各国和国际组织解决的一项重要法律问题。

3.2　专家系统

　　最基本也是最早的一类人工智能是专家系统，该系统采用的是涉及逻辑和"if/then"表述的人工智能技术。专家系统是建立在专家所推导出的规则基础之上，这些规则"传授"给计算机系统，再由计算机系统模仿特定领域专家的行为。当新的输入被导入到专家系统时，专家系统会采用 if/then 表述，对这些信息进行分析，对输出反应进行指导。专家系统的代表之一是 MYCIN（circa 1970s），其专长是进行医学诊断，该系统使用的规则之一如下：

IF stain of organism is gram negative（如果生物染色结果是革兰氏阴性）

AND（并且）

morphology is rod（生物形态学是杆状）

AND（并且）

is anaerobic（具有厌氧性）

THEN（那么）

suggestive that class is enterobacteriaceae（表明属于肠杆菌科）（CF 0.8）

早在 1989 年，库克（Cook）和惠特克（Whittaker）就讨论了法律对专家系统的作用。[20] 专家系统的开发和应用引出了有关参与开发和应用者的责任问题。这些责任的一项重要因素在于对专家系统运行软件的分类。根据《美国统一商法典》（the Uniform Commercial Code）的规定，软件可以分为产品或者服务。[21] 如果归入产品，则将适用严格产品责任。[22] 如果归入服务，则将适用失职行为（professional misconduct）的标准。

软件属于产品还是服务，是决定人工智能适用产品责任还是失职行为责任的关键问题。为了确定《美国统一商法典》是否适用于特定的人工智能驱动的计算机交易，我们有必要首先确定是否涉及产品。计算机硬件，作为一种动产（movable object），显然属于产品，从而适用《美国统一商法典》的条款。尽管硬件交易经常涉及附随的服务，例如安装、培训、维护等，但是这些服务的存在并不影响《美国统一商法典》的适用。[23] 但是，主要涉及个人专属服务（personal services）的交易，例如维护、培训和支持等，往往被认定为不属于产品，因而不在《美国统一商法典》的调整范围。[24]《美国统一商法典》的相关规定如下：

> 《美国统一商法典》第9编　担保交易（Secured Transactions）（2010）第一部分　总则
>
> "产品"是指担保利益所附着的所有可移动物品。该术语包括：……产品内植入的（embedded）计算机程序，以及与涉及该程序的交易有关而提供的任何支持信息，如果（1）程序是与产品相关，以至于习惯上可以被视为产品的一部分，或者（2）通过成为产品的所有权人，个人获得了使用与该产品相联系的程序的权利。该术语不包括被植入程序的媒介独立构成的产品中植入的计算机程序。

此外，专家系统的应用还会引发侵权法和合同法的适用。例如，法院需要考虑专家系统的开发者、制造者和所有者可以对该系统及其输出结果获得何种专有权（proprietary rights）。克里斯托夫·梅茨格（Christopher Metzger）[25] 认为，随着专家系统技术变得更加复杂，需要实施政府规制和程序员许可制度。在直接向终端用户销售专家系统时，这么做似乎是合理的。除了保护消费者权益之外，此类规制通过确立专家系统的资质标准，也可以让制造者和开发者受益。规制也会让原告更难以证明已经完全符合规制机构要求的制造商存在过错。两种类型的规制似乎是合理的。大家讨论最普遍的是对计算机程序员实施许可制度。还有一种可能性是要求专家系统"上线"或者公开销售前获得产品许可，正如美国食品药品管理局（FDA）对上市销售的药品实施的规制方式。在考虑这些建议时，规制建议方案是否能够有效避免专家系统出现错误，应当与规制导致所需的开发成本增加之间进行权衡。

我们在本节以美国食品药品管理局为例说明政府机构考虑如何规制人工智能，特别是对于用于控制医疗器械的机器学习技术。美国食品药品管理局已经指出，根据其现行的规制指南，对于运用人工智能的医疗器械的软件所做的众多变更，是涉及机器学习算法的变更，需要遵守上市前审查[26]的程序，这已经推动美国食品药品管理局重新思考对这些医疗器械的规制方法。2019年，美国食品药品管理局发布了一份讨论稿"基于人工智能/机器学习的医疗器械软件变更规制框架建议"[27]，其中描述了对人工智能和机器学习驱动的软件变更实施上市前审查的可能方案的基础。在这一框架中，美国食品药品管理局在上市前许可申请材料中加入了"预先设定的变更控制计划"（predetermined change control plan）。该计划包括预期修改，即所谓作为"医疗器械软件的预先规格说明"的类型，以及以可以管理对病人造成之风险的受控方式实施这些变更时采用的方法，即"算法变更协议"（Algorithm Change Protocol）。在这种规制进路中，美国食品药品管理局会要求制造商对基于人工智能和机器学习的医疗器械软件的透明度和真实世界的监督绩效等作出承诺，以及就作为预先规格说明和算法变更协议之部分内容所做的变更，定期向美国食品药品管理局报送情况更新。该拟议规制框架可以让美国食品药品管理局和制造商评估和监督软件产品从上市前开发到上市后绩效的情况。这份框架还可以让美国食品药品管理局的规制监督欣然接纳基于人工智能和机器学习的医疗器械软件的迭代优势，同时确保病人的安全。

3.3 机器学习

机器学习是众多近期人工智能应用的基础，（某些情况下）部分因为缺乏透明度和具身化（embodied）的机器学习的系统自主程度的提高，导致既定的法律领域遭遇诸多挑战。机器学习算法经常被分为**有监督**（supervised）和**无监督**（unsupervised）两类。在**有监督学习**中，机器学习系统采用示范输入（example inputs）和理想输出（desired outputs）进行测试，试图推导出可以引导输入到输出的一般性规则。因为人类提供了输入数据用于训练，所以人类应该基于过错原则对人工智能的行为负责。但是，**无监督学习**在进行数据训练时并不提供理想的输出数据，而是留给系统独立寻找人类输出数据中的模式。无论是有监督学习还是无监督学习，机器学习都试图从数据内部发现结构（或者模式）。为了完成这一程序，算法需要运行训练用的数据集，并将其用于回答问题。例如，对于无人驾驶汽车，程序员需要提供打上"行人"和"非行人"标签的图片集供训练算法之用。然后，程序员可以向计算机提供新的图片集，供计算机学习区分行人和非行人。机器学习算法可以自行往训练用的图片集里增加所接触到的更多图片。

此外，强化学习处理的是某些随机存在的事物或者智能体应当如何在给定的环境中行事。强化学习的原理在于根据智能体在不同场景下的表现给予奖励或者惩罚。因此，强化学习的任务是训练与**环境**进行互动的**智能体**。智能体通过采取行动（actions），在不同环境场景，即状态（states）之间的转换。行为反过来又会产生回报（rewards），它可以是正数、负数或者零。智能体的唯一目的是让它在特定片段（episode），即从初始状态到最终状态之间发生的任何事件期间搜集的回报最大化。因此，我们通过向智能体提供特定回报，强化其实施特定行动，同时通过提供负的回报，让智能体避免采取其他行动。

机器学习试图通过理解数据集、修正算法而模拟人类智能，深度学习试图模拟人脑的运行本身。与线性的传统机器学习算法不同，深度学习利用的是受人脑神经结构启发而建立的随着复杂和抽象程度增加而堆叠（stacking）的多个单元（或者神经元）。每个单元都在整合输入数值集并生成输出数值，后者又可以传输至下游的另一个单元。深度学习可以赋能数据中复杂、精确的模式识别。

因为人工智能的绩效取决于数据的质量，不能代表目标总体（target population）的数据可能会导致人工智能出现偏差。此外，现代人工智能，特别是深度神经网络的应用，具有的一项特点是技术的黑箱性。例如，神经网络可以作为大型数字矩阵存储。通过向算法喂养输入数据，训练人工智能生成特定的输出结果。人工智能所生成的规则或者关联关系（correlations）对于该系统中的人类来说常常是一个谜，或者会受算法输出的影响。人工智能所发现的关联关系可能是基于不被允许的类型，例如种族或者性别，或者可能是基于存在差别影响（disparate impacts）的关系。

第四节　法律与人工智能的概要

人工智能的关键特征是对既有的各个法律领域构成了挑战，包括人工智能体现的自主水平、智能水平，人工智能是否具身化（例如，机器人对智能软件机器人）、人工智能是否控制可以对环境采取行动的效应器（effectors）和驱动器（actuators），人工智能是否感受环境，或者人工智能是否是移动的。这些属性合在一起，越来

15

越多地代表了人类的能力；因此，不足为奇的是，近来的一些形式的人工智能正在挑战既有的法律领域。例如，人工智能机器人的机动性越强，它就能够更多地探索环境，而这会导致未知的后果，以及对财产或者个人的损害。随着人工智能越来越自主作出决策和行动，如果发生损害，我们也越来越难以将过错归结于人类。商法也需要调整人工智能引导的自主机器与人类之间发生的交易，特别是在跨越国界的交易中。法律需要考虑，人工智能的具身化，例如以机器人的形式，或者以比特形式存在于云空间时，是否造成差别。法律与人工智能的诸如此类问题，将在后续章节更深入展开讨论。

注释

1. E. Rich, *Artificial Intelligence*, McGraw-Hill, New York, USA 1983.

2. P.W. Winston, *Artificial Intelligence*, Addison-Wesley Publishing Company, Reading, MA 1984. 3 S. Russell and P. Norvig, *Artificial Intelligence: A Modern Approach*, Pearson, India 2014.

3. S. Russell and P. Norvig, *Artificial Intelligence: A Modern Approach*, Pearson, India 2014.

4. S. Russell and P. Norvig, *Artificial Intelligence: A Modern Approach*, Pearson, India 2014.

5. Jones v. W + M Automation, Inc., 818 N.Y.S.2d 396（App. Div. 2006）, appeal denied, 862 N.E.2d 790（N.Y. 2007）.

6. Executive Office of the President National Science and Technology Council Committee on Technology, Preparing for the Future of Artificial Intelligence, 2016, accessed 7 July 2020 at: https://obamawhitehouse.archives.gov/sites/default/files/whitehouse_files/microsites/ostp/NSTC/preparing_for_the_future_of_ai.pdf.

7. Lawrence B. Solum, *Legal Personhood for Artificial Intelligences*, 70 North Carolina Law Review 1231（1992）.

8. 罗布纳奖（Loebner Prize）是每年举办一次的人工智能竞赛，评委们将会评选出最类似人类的计算机程序。竞赛采用标准图灵测试。在每一轮比赛中，评审同时与使用计算机的人类和人工智能进行文本对话。根据参赛者的答复，评委必须决定哪个是人，哪个是人工智能。

9. See generally Note, *Incompetency to Stand Trial*, 81 Harvard Law Review 455, 457–459（1967）.

10. *Dusky v. United States*, 362 U.S., at 402（1960）.

11. *Craigslist v. Naturemarket, Inc.*, 694 F.Supp.2d 1039（2010）.

12. CAPTCHAs 通常是在网页上显示文字，访问者需要确认之后才能接受特定的互联网服务。有关 CAPTCHA 的语音版，相关讨论可以参见 Telephone Science Corporation v. Asset Recovery Solutions, Dist. Court ND Illinois 2017,（15-CV-5182）。

13. California law, S.B. 100 Bots: disclosure.

14. W. Barfield（ed.）, *Cambridge Handbook on the Law of Algorithms*, Cambridge University Press, 2021.

15. *Gottschalk v. Benson*, 409 U.S. 63（1972）.

16. *Parker v. Flook*, 437 US 584（1978）.

17. *Diamond v. Diehr*, 450 US 175（1981）.

18. Stuart M. Benjamin, *Algorithms and Speech*, 161 University of Pennsylvania Law Review 1445（2013）.

19. Id.

20. D.F. Cook and D.A. Whittaker, *Legal Issues of Expert System Use*, 3 Applied Artificial Intelligence 69（1989）.

21. See Chadwick L. Williams, *Not So Good: The Classification of "Smart Goods" under UCC Article 2*, 34 *Georgia State University Law Review* 453（2018）.

22. 严格责任的侵权构成要件和过错侵权责任的构成要件类似（包括义务、违反和损害），区别仅在于，如果实行严格责任原则，侵权行为的受害者不需要证明存在过错。

23. See Chatlos Sys., Inc. v. Nat'l Cash Register Corp., 479 F. Supp. 738, 742（D.N.J. 1979）（认定软件交易是为了销售商品，尽管租赁协议中包含了附随性服务）; Dynamics Corp. v. Int'l Harvester Co., 429 F. Supp. 341, 346（S.D.N.Y. 1977）（解释《美国统一商法典》的适用取决于 "双方协议的本质或主要目标"）; Dreier Co. v. Unitronix Corp., 527 A.2d 875, 879（N.J. Super. Ct. App. Div. 1986）（解释计算机的销售受《美国统一商法典》调整，尽管存在也提供服务的事实）。

24. See *Heidtman Steel Prods Inc. v. Compuware Corp.*, 178 F. Supp. 2d 869, 870 n.1, 871（N.D. Ohio 2001）（《美国统一商法典》不适用于软件选择、修改、安装的一系列合同）; *Conopco, Inc. v. McCreadie*, 826 F. Supp. 855, 871（D.N.J. 1993）（《美国统一商法典》不适用于购买计算机系统的咨询协议）; *Computer Servicenters, Inc. v. Beacon Mfg. Co.*, 328 F. Supp. 653, 655（D.S.C. 1970）, *aff'd*, 443 F.2d 906（4th Cir. 1971）（《美国统一商法典》不适用于数据处理）。

25. C.G. Metzger, *Expert Systems and Law*, 1 High Technology Law Journal 559

（1986）.

26. 上市前核准申请（PMA）的审查分为四个步骤：美国食品药品管理局员工进行的行政和有限审查以确定其完整性（接受和提交审查）；美国食品药品管理局相关人员进行深入的科学、规制和质量体系审查（实体审查）；相关咨询委员会进行审查和提出建议（专家组审查）；以及最终审议、制作文件和通知传达 FDA 的决定。

27. HIMSS, *Proposed Regulatory Framework for Modifications to Artificial Intelligence/Machine Learning*, 2019, accessed 7 July 2020 at https://www.himss.org/resource-news/proposed-regula tory-framework-modifications-artificial-intelligencemachine-learning.

第二章　人权考量

第一节　引　言

　　人权决议、文件和国际条约赋予个人以各种权利，本章将讨论人工智能对此的影响。人权是指无论其民族、种族、信仰或者性别，任何人皆可享有的权利。具体来说，该术语是用于指代在《国际人权法案》（International Bill of Rights）的三部标志性的文件中所确立的个人权利，这三部文件包括《世界人权宣言》（the Universal Declaration of Human Rights，缩写为 UDHR）[1]、《公民权利和政治权利国际公约》（the International Covenant on Civil and Political Rights，缩写为 ICCPR）[2]、《经济、社会和文化权利国际公约》（the International Covenant on Economic，Social，and Cultural Rights，缩写为 ICESCR）[3]。《世界人权宣言》是以无约束力的联合国大会决议形式通过的，《公民权利和政治权利国际公约》《经济、社会和文化权利国际公约》，对于批准加入公约的国家具有约束力。此外，每个人还享有与生俱来的其他一些权利，他们可能会因为人工智能的应用而受到影响。[4]

　　需要重点指出的是，人工智能参与影响个人的决策时，人权可能会受到侵犯，例如人工智能决策的结果，可能导致积极和消极结果的不平等分布[5]，影响个人基于国际法和条约享有的基本权利。[6]而且，人工智能算法的运行和实施可能是准确的，但是在其决策过程中仍然植入根深蒂固的非正义因素。人工智能侵犯人权的最可怕的情景可能发生在隐私领域，基于人工智能的监控技术（例如人脸识别）已经在全社会无处不在。通过数据处理活动侵犯隐私可能对个人权利和自由构成威胁，为了应对这一问题，欧盟《通用数据保护条例》（General Data Protection Regulation，缩写为 GDPR）第 35 条规定了实施数据安全影响评估（Data Protection Impact Assessment，缩写为 DPIA）计划的要求。[7] 而且，《通用数据保护条例》第 25 条规定了（促进隐私保护的）数据保护原则适用于人工智能产品的概念阶段，要求实施设计保护（by design）和默认保护（by default）；也适用于其整个生命周期和发布前的测试；确保可能受到影响的群体和一线专家成为设计、测试和审查阶段具有决策权的行为主体。[8] 人工智能的应用还可能侵犯其他重要的人权，例如平等权、表达自由、结社权、集会权和工作权。[9] 法律学者也表达了关切，认为人工智能在金融行业的应用可能导致消费者不能平等地获得金融服务 [10]，而且算法的应用可能影响少数族群的就业和住房决策。

人权和人工智能的另一项重要关切也获得了法律学者、政府组织和联合国的高度关注，那就是致命自主武器（lethal autonomous weapons）的开发。致命自主武器的新近发展已经导致一些宣言寻求提前禁止"杀手机器人"（killer robots）的开发。[11] 从人权和法律的视角来看，希望禁止杀手机器人开发的组织通常支持下列观点：

> （应当）通过禁止开发、生产和使用完全自主武器，建立和实施攻击的决策，建立有效的人类控制机制。我们应当通过国内法和国际条约，立法确立对（杀手机器人）的禁令。所有

国家应当表明他们对于完全自主武器所引发关切的看法，致力于制定新的禁止杀手机器人的条约，确立人类有效控制武力使用的原则。从事人工智能和机器人开发的所有技术公司、组织和个人都应当承诺绝不参与完全自主武器的开发。[12]

1.1 人权框架

对于人工智能法来说具有重要意义的是，人权框架是普遍适用的，特别适合于解决全球性、跨国界的技术，例如人工智能带来的挑战。[13]但是，从人权的角度来看，担心的是人工智能的开发和应用可能产生的机会是出现新型压迫和过度影响社会中最弱势群体。[14]事实上，正如克里斯蒂安·范·文（Christiaan van Veen）所指出的，人权法体系是为了解决个人和国家之间的权力差别（power differentials），为个人和代表个人的组织提供话语和程序，以便质疑强大的行为主体，例如国家和跨国企业的决定。[15]因此人权可以作为合理有效的工具对抗那些利用人工智能驱动的系统所具有的强大力量造成损失的主体，特别是在缺乏合理和明确界定的国内法救济手段之时。[16]

正如拉索（Raso）等人所指出的，利用人权法来评估和应对人工智能对社会产生的复杂影响也具有重要的价值。[17]例如，人权法提供了国际公认的一套规范体系和共同的话语和制度基础，帮助确保实现人工智能的愿景，同时避免发生最严重的危害。[18]此外，正如拉索及其同事所指出的，智能系统的应用不完全相对于白板，而是以已经对人权产生复杂影响的社会状况作为背景。[19]事实上，有些人认为，人工智能，特别是机器学习的当前应用，已经影响着由国际法和规制机构所保障的各类人权。考虑到人工智能对社会和个

19

人产生的广泛影响，在国际上受到保护的人权将越来越多地受到人工智能发展的影响。

第二节　联合国的人权工作

个人的基本权利可能因为人工智能的应用而受到侵犯，这一问题日益突出；联合国机构、各国人权机构和人权非政府组织也在越来越多地参与采取措施，确保人权在应用日益复杂的人工智能系统的未来世界社会中受到保护。联合国通过的《世界人权宣言》是人权历史上的里程碑式的文件。这份宣言是在 1948 年的联合国大会通过的（217A 号大会决议），作为所有人类和国家将要实现的共同标准。它规定了需要得到世界各国保护的基本人权。《世界人权宣言》的某些条文可能受到人工智能应用的影响尤其明显，兹列举如下：

《世界人权宣言》[20]

第一条

人人生而自由，在尊严和权利上一律平等。他们赋有理性和良心，并应以兄弟关系的精神相对待。

第二条

人人有资格享有本宣言所载的一切权利和自由，不分种族、肤色、性别、语言、宗教、政治或其他见解、国籍或社会出身、财产、出生或其他身份等任何区别。并且不得因一人所属的国家或领土的政治的、行政的或者国际的地位之不同而有所区别，无论该领土是独立领土、托管领土、非自治领土或者处于其他任何主权受限制的情况之下。

第三条

人人有权享有生命、自由和人身安全。

第七条

法律面前人人平等，并有权享受法律的平等保护，不受任何歧视。人人有权享受平等保护，以免受违反本宣言的任何歧视行为以及煽动这种歧视的任何行为之害。

第十二条

任何人的私生活、家庭、住宅和通信不得任意干涉，他的荣誉和名誉不得加以攻击。人人有权享受法律保护，以免受这种干涉或攻击。

第十九条

人人有权享有主张和发表意见的自由；此项权利包括持有主张而不受干涉的自由，和通过任何媒介和不论国界寻求、接受和传递消息和思想的自由。

第二十条

（一）人人有权享有和平集会和结社的自由。

（二）任何人不得迫使隶属于某一团体。

第二十三条

（一）人人有权工作、自由选择职业、享受公正和合适的工作条件并享受免于失业的保障。

（二）人人有同工同酬的权利，不受任何歧视。

（三）每一个工作的人，有权享受公正和合适的报酬，保证使他本人和家属有一个符合人的尊严的生活条件，必要时并辅以其他方式的社会保障。

（四）人人有为维护其利益而组织和参加工会的权利。

正如上文所述，联合国《经济、社会文化权利国际公约》也是国际人权法案的一部分；该公约也列举了可能受人工智能系统影响的重要人权。[21]

《经济、社会文化权利国际公约》

序言

本盟约缔约国，

鉴于依据联合国宪章揭示之原则，人类一家，对于人人天赋尊严及其平等而且不可割让权利之确认，实系世界自由，正义与和平之基础，

确认此种权利源天赋人格尊严，

确认依据世界人权宣言之昭示，唯有创造环境，使人人除享有公民及政治权利而外，并得享受经济社会文化权利，始克实现自由人类享受无所恐惧不虞匮乏之理想，

鉴于联合国宪章之规定，各国负有义务，必须促进人权及自由之普遍尊重及遵守，

明认个人对他人及对其隶属之社会，负有义务，故职责所在，必须力求本盟约所确认各种权利之促进及遵守，

爰议定条款如下：

第一编

第一条

一、所有民族均享有自决权，根据此种权利，自由决定其政治地位及自由从事其经济、社会与文化之发展。

二、所有民族得为本身之目的，自由处置其天然财富及资源，但不得妨害因基于互惠原则之国际经济合作及因国际法而生之任何义务。无论在何种情形下，民族之生计，不容剥夺。

三、本盟约缔约国，包括负责管理非自治及托管领土之国家在内，均应遵照联合国宪章规定，促进自决权之实现并尊重此种权利。

第二编

第二条

一、本盟约缔约国承允尽其资源能力所及，各自并藉国际协助与合作，特别在经济与技术方面之协助与合作，采取种种步骤，务期以所有适当方法，尤其包括通过立法措施，逐渐使本盟约所确认之各种权利完全实现。

二、本盟约缔约国承允保证人人行使本盟约所载之各种权利，不因种族、肤色、性别、语言、家教、政见或其他主张、民族本源或社会阶级、财产、出生或其他身分等等而受歧视。

三、发展中国家在适当顾及人权及国民经济之情形下，得决定保证非本国国民享受本盟约所确认经济权利之程度。

第三编

第六条

一、本盟约缔约国确认人人有工作之权利，包括人人应有机会凭本人自由选择或接受之工作谋生之权利，并将采取适当步骤保障之。

二、本盟约缔约国为求完全实现此种权利而须采取之步骤，应包括技术与职业指导及训练方案、政策与方法，以便在保障个人基本政治与经济自由之条件下，造成经济、社会及文化之稳步发展以及充分之生产性就业。

除了上述列举的一系列人权之外，人工智能技术对人权的影响也成为联合国人权理事会（the UN Human Rights Council）讨论的议题。2017 年，联合国人权理事会审议的若干正式报告就讨论了人工智能问题。有关老年人权利的独立专家提交的 A/HRC/36/48 号报告讨论了老年人看护产业中的机器人、人工智能和自动化带来的机遇与挑战。[22] 同年，人权高级专员办公室（the Office of the High Commissioner for Human Rights）发布的 A/HRC/35/9 号报告，讨论了性别间数字鸿沟，提到了算法歧视和偏见，人工智能推动增进妇女健康的潜力。[23] 兹将联合国人权理事会有关人权和人工智能的若干报告内容摘要如下：

22

> 4A/HRC/35/9（41）. 另一项普遍认同的关切是涉及算法歧视和偏见。研究表明，随着人工智能系统的应用日益普遍，面对系统性不平等的特定群体，包括这些群体内部的妇女，将会受到不成比例和差别性的影响。[24] 例如，研究人员发现有证据表明在工作相关的在线广告选择受众群体（targeting）时存在性别歧视，而特定职业的网络搜索结果中妇女也存在代表性不足（underrepresentation）的问题。[25] 我们还需要关注如何确保数据输入是包容性和准确的，并且人工智能的运行符合人权的要求；自动化决策程序应当是透明的，可以对它们所提供的分析和决策接受问责。
>
> A/HRC/36. 机器学习和人工智能领域的进展提出了受驱动（driven）还是自动决策的问题。自我学习技术可能是为老年人提供个性化服务的强有力的工具。系统可以学习用户的日常规律，根据他们都偏好，例如用餐时间进行自动调整。自我学习的应用需要在编程时采取允许老人在改变偏好时保留控制，并

且能够适应意料之外的变化，例如突然来访。随着技术变得日益复杂和自主，基于人权的进路需要融入这些系统的设计、规划和实施之中。

A/HRC/37. 在这方面，重要的是明确机器人不应该以自己替代老年人做出决策。这种人类控制范式表明，我们不应该将具有法律效力的决定委托给自动化程序。但是人工智能可以辅助老年人回答问题、审查选项，进而赋能他们以类似方式对于受支持的决策作出自己的决策。但是，这将要求明确边界和保障措施，以确保老年人的偏好得到尊重和充分反映。[26]

第三节　人工智能、算法和歧视

考虑到人工智能实施的决策存在偏见的可能性，下一节将继续讨论人工智能技术如何影响人权的问题（另见第十章）。专注研究人工智能侵犯人权的可能性的学者，担心人工智能所植入的人类偏见可能因为复制和恶化而产生歧视的风险。国际法上对于歧视的定义是符合下列情形的任何区别、排除、限制或者偏好：基于诸如种族、肤色、性别、语言、宗教、政治或者任何观点、国家和社会出身、财产、出生或者其他地位；具有的目的或者产生的影响是让所有人基于平等地位所有权利和自由的承认、享受或者践行归于无效或者受到不利影响。这里列举的情形是不穷尽的，因为联合国人权高级专员（the UN High Commissioner for Human Rights）已经认识到防止歧视其他阶层（discrimination against additional classes）的必要性。[27] 各国政府有义务，私人部门也有责任积极预防歧视以符合现有的人权法规范和标准。[28] 当预防措施不充分或者效果不佳，并且出现歧视时，相关制度应当介入，立即处理所发生的损害。在应用新的人工智能技术时，当不同个人和群体的平等和代表性受到新的挑战和冲击时，国家和私人部门都可能会需要寻找到新的方法来保护人权。[29]

24

通过人工智能的设计和应用产生的隐性和无意之中造成的偏见，构成了歧视的一种手段。人工智能系统，特别是应用机器学习方法的系统，其构思、开发和终端应用很大程度上是由某个社会部门监督的，我们需要担心技术背后的人会将自己的偏见带入系统，很可能会限制种族、文化、性别和社会经济背景不同的群体的输入。[30] 包容、多元和平等的实现，需要各种社群，包括终端用户积极参与人工智能系统的设计和应用，并且有效征求他们的意见，从而帮助确保人工智能系统的开发和应用采取了尊重权利的方式，特别是尊重容易遭受歧视的边缘群体的权利。[31]

此外，公共机构越来越多地应用或者实施利用机器学习的人工智能系统，这些系统对于行使和享受人权、法治、正当程序、表达自由、刑事正义、医疗、获得社会福利和住房等领域来说都是关键性的。[32] 尽管人工智能可以在某些情况下带来好处，但是它也存在歧视或者其他侵害权利之结局的高度风险。因此，重要的是让各国切实提供机会补救和填补人工智能相关损害。

正如联合国人权委员会（the Human Rights Committee）所确认的，《公民权利与政治权利国际公约》第 26 条禁止在公共机构规制或者保护的任何领域实施法律或者事实上的歧视。专门针对特定形式歧视的条约也对此作了进一步规定，缔约国承诺不再实施歧视，确保公共组织和机构"按照这一义务行事"。此外，纽约大学 AI Now Institute 也在 2017 年发布的一份报告中[33] 指出，各国应当采取促使确保公共官员注意到机器学习系统中存在的歧视和其他侵害权利的风险，并对此保持警惕。根据 AI Now Institute 的研究报告，各国应当：

积极采用各种招聘做法，征求意见，以确保机器学习的设计、实施和审查过程中采用多种视角，可以代表各种不同的背景和身份。

（1）确保公共机构为参与机器学习工具的采购、开发、使用和审查的官员提供人权和数据分析的培训；

（2）建立独立监督的机制，必要时包括司法机构的监督机制；

（3）确保机器学习支持的决策符合国际公认的正当程序标准。

联合国经济、社会和文化权利委员会（the UN Committee on Economic, Social and Cultural Rights）确认，除了不采取歧视行为之外，"缔约国应当采取具体、经过深思熟虑的、有明确目标的措施以确保消除行使本公约规定之权利过程中存在的歧视"。[34] 各国投资研究的方式应当减少因为机器学习和其他人工智能系统导致的侵害人权现象。为了让私人部门接受问责，国际法规定了国家保护人权的义务，其中包括确保不受私人部门行为主体歧视的权利。因此，联合国经济、社会和文化权利委员会认为，"缔约国应当采取包括立法等各种措施确保私人领域的个人和实体不会基于法律禁止的理由实施歧视行为"。[35] 缔约国应当根据人权法的要求，在私人部门监督人工智能应用的行为存在产生歧视或者侵害权利结果的风险时建立规制体系，同时承认技术标准可能对规制有互补作用。[36] 此外，国家和区域层面的非歧视、数据保护、隐私和其他法律领域可能会继续扩大并且强化可以适用于机器学习的国际人权义务。[37]

26

第四节　人权法的法源

作为人工智能开发领域具有主导地位的公司通常关注的是人权而非伦理因素。例如，IBM 最近重申"致力于人工智能的符合伦理、负责任的发展"。[38] 人工智能发展更全面的伦理进路来自微软（Microsoft）。微软在 2018 年初发布了关于人工智能未来的研究报告——《未来计算：人工智能及其在社会中的作用》(*The Future Computed: Artificial Intelligence and Its Role in Society*)，承诺在其人工智能的工作中遵守公平、可靠和安全、隐私和安全、包容性、透明度、问责度的指引。[39]

正是因为这样的原因，为了解决强伦理原则、法律的变迁、新技能培训的重要性，甚至劳动力市场的改革的问题，我们需要考虑技术之外的因素（《未来计算》，第 16 页）。

类似地，欧盟委员会提出了人工智能的欧洲进路，并且正在制定"伦理准则（ethical guidelines）"作为引导。尽管这些伦理准则本身据称是"基于《欧盟基本权利宪章》(Charter of Fundamental Rights of the European Union)"，实践中具体含义为何仍有待确定。[40] 而且，专业社团（professional societies）也越来越多涉及受人工智能影响的权利［参见电气电子工程师学会发布的《人工智能道德准则设计》(Ethically Aligned Design)，指出"人工智能技术只有符合我们所定义的机制和伦理原则时，我们才能充分实现这些技术的效益"[41]］。

4.1 人权法院和宣言

总的来说，人权就是法律规范，一系列受到高度尊重的法院和人权机构的法理学说已经对其作出解释。例如，欧洲人权法院（the European Court of Human Rights）作为一家区域性人权司法机构，1959 年在欧洲委员会（the Council of Europe）的支持下设立，同年开始对指控违反《欧洲人权公约》（European Convention on Human Rights）的行为作出判决。侵犯人权行为的受害者可以直接向欧洲人权法院起诉。而且，欧洲人权法院的作用与欧洲社会权利委员会（the European Committee of Social Rights）是互补的，后者负责监督欧盟国家尊重社会和经济权利的情况。欧洲人权法院有权受理个人、社团和国家有关违反《欧洲保护人权和基本自由公约》[the Convention for the Protection of Human Rights and Fundamental Freedoms，即通常所称的欧洲人权公约（European Convention of Human Rights）]的诉讼，该公约主要涉及公民权利和政治权利。向欧洲人权法院递交的诉状必须涉及缔约国实施违反该公约的行为，并且给原告造成了直接和明显的影响。截至 2020 年，该公约缔约国数量达到 47 个，其中包括欧洲委员会的成员国和欧盟成员国。这些国家有的还批准了该公约的扩充权利范围的一项或者多项议定书。[42]

欧盟之外也有一些法院可以裁决侵犯人权行为相关的纠纷。例如，美洲人权法院（the Inter-American Court of Human Rights）是位于哥斯达黎加的自治性司法机构。它与美洲人权委员会（the Inter-American Commission on Human Rights）共同组成了美洲国家组织（the Organization of American States）的人权保护体系，共同致力于在美洲国家支持和促进基本权利和自由。美洲人权法院对于国家是否侵犯了个人人权的纠纷做出裁决，但是并不受理个人侵犯人权的纠纷。此外，非洲人权法院（the African Court on Human and Peoples' Rights）是由非洲国家设立旨在保护非洲人权的法院，以整个非洲为管辖范围。它补足和增强了非洲人权委员会（the African Commission on Human and Peoples' Rights）的职能。非洲人权法院可以受理有关非洲人权宪章（the African Charter on Human and Peoples' Right）之解释和适用而起诉的所有案件和纠纷。

在加拿大联邦层面，《多伦多宣言：保护机器学习系统中的平等和不受歧视权》（the Toronto Declaration: Protecting the Rights to Equality and Non-Discrimination in Machine Learning Systems，以下简称《多伦多宣言》）强调指出了人工智能（特别是机器学习）对于平等权和不受歧视权可能带来的负面影响，呼吁为所有受到这些系统不利影响的个人提供有效的救济机制。《多伦多宣言》对于人权和人工智能问题来说有趣的一些内容，留待下文论述。[43]

随着机器学习系统的能力升级，应用增加，我们必须考察这一技术对人权产生的影响。我们认识到机器学习和相关系统有可能用于促进人权，但是越来越担心这类系统能够为故意或者无意的歧视个人或者某类人群带来便利。我们必须紧急应对这些技术如何影响人类和人权的问题。在机器学习系统的世界里，谁来接受对侵犯人权行为的问责？

随着围绕伦理和人工智能之对话的继续，《多伦多宣言》试图吸引人们关注国际人权法律和标准的相关成熟框架。这些普适、有约束、可诉的法律和标准为保护个人免受歧视、促进包容、多元和平衡，保护平等提供了有形的手段。人权是普适、不可分割、相互依存和相互联系的。

此外，还有一些组织发布的文件透露了人权如何因为人工智能的应用而受到不利影响，并且为人工智能的开发和应用提供了指南。例子之一是"阿西洛马人工智能原则"（the Asilomar AI Principles），它们是由未来生活研究所（the Future of Life Institute）专门以人工智能为对象而制定的。[44] 兹将阿西洛马人工智能原则内容摘录如下：

> 研究经费：投资人工智能应该有部分经费用于研究如何确保有益地使用人工智能，包括计算机科学、经济学、法律、伦理以及社会研究中的棘手问题，比如——
>
> 如何使未来的人工智能系统高度健全（"鲁棒性"），让系统按我们的要求运行，而不会发生故障或遭黑客入侵？
>
> 如何通过自动化提升我们的繁荣程度，同时维持人类的资源和目的？
>
> 如何改进法制体系使其更加公平和高效，能够跟得上人工智能的发展速度，并且控制人工智能相关的风险？
>
> 人工智能应该符合什么样的价值体系？它应当具有何种法律和伦理地位？
>
> 故障透明度（failure transparency）：如果人工智能系统造成了损害，则应当有可能确定造成损害的原因。
>
> 司法透明度：任何自主系统参与的司法判决都应提供令人满意的司法解释以被相关领域的专家接受。
>
> 责任：高级人工智能系统的设计者和建造者，是人工智能使用、误用和行为所产生的道德影响的参与者，有责任和机会去形塑那些道德影响。

29

价值对齐（value alignment）：高度自主的人工智能系统的设计，应该确保它们的目标和行为在整个运行中与人类的价值观相一致。

人类价值观：人工智能系统应该被设计和操作，以使其和人类尊严、权力、自由和文化多样性的理想相一致。

个人隐私：在给予人工智能系统以分析和使用数据的能力时，人们应该拥有权力去访问、管理和控制他们产生的数据。

自由和隐私：人工智能在个人数据上的应用不能允许无理由地剥夺人们真实的或人们能感受到的自由。

分享利益：人工智能科技应该惠及和服务尽可能多的人。

共同繁荣：由人工智能创造的经济繁荣应该被广泛地分享，惠及全人类。

人工智能军备竞赛：应当避免致命的自主武器的装备竞赛应该被避免。

第五节　代表性法院判决

以下两节我们将会分析一些发生在美国或者欧盟国家，与人工智能法相关的代表性判例。

5.1　美国判例

各国和国际法院受理的人工智能相关并且对人权具有重要意义的案件越来越多。此类案件的一个共性内容是应用预测算法（有时候被称为预测编码［predictive coding］）取代人类决策。预测算法的问题在于他们的应用可能会导致决策存在偏见。

美国有位联邦治安法官（magistrate judge）撰写了多份涉及预测算法的法院判决，最早的一份开创性判决是 Da Silva Moore v.

30

Publicis Groupe[45]，法院在这份判决中明确"承认计算机辅助审查（computer-assisted review）在合适的情况中作为相关电子方式储存的信息（ESI，亦即电子证据开示）的方式是可以被接受的"。[46] 2014年的一起税收案件——Dynamo Holdings Ltd. P'ship v. Comm'r of Internal Revenue—— 也讨论了预测编码，法院驳回了当事人提出的预测编码属于"有待证实的技术"这一主张。[47] 法院判定：

> 原告有理由申请利用预测编码以节约时间和开支，并且向法院表明他们会让电子证据开示专家与被告的律师或者专家见面，以便进行被告可以接受的检索，但是我们认为并没有理由要求原告不得利用预测编码回应被告的证据开示申请。[48]

在美国，法院准许在民事诉讼中使用预测编码已经如此普遍，以至于在2015年的Rio Tinto PLC v. Vale S. A.案中指出，"判例法已经发展到了如此程度，以至于只要提出证据的当事人希望采用（预测编码）进行文件审查，法院就会准许，这已经成为明确的法律规范（black letter law）"。[49] 一些复杂的刑事案件中存在大量的案卷记录以至于人工审查不可能或者不现实。在这些案件中，政府或者被告可以寻求采用预测编码。但是，在这些案件中，大量的电子信息（ESI）表明有必要在行政执法的政府利益与被告的权利之间达成合理的平衡。

对于法律和人工智能问题来说，威斯康星最高法院（Wisconsin Supreme Court）判决的Loomis v. Wisconsin[50]是一起重要的判例，原告质疑威斯康星州在判决Loomis入狱时使用了闭源的风险评估

31

软件。2013 年，Loomis 被认定所驾驶的汽车曾出现在驾车枪击事件中，在被捕之后认罪，原因是逃避警察调查（eluding an officer）。Loomis 指控在其定罪判决过程中使用风险评估软件，侵犯了他的正当程序权利，因为这使得他没有机会质疑这种测试方法是否有效和准确。原告也认为，该案诉争的系统（COMPAS）因为将性别和种族纳入考虑因素而侵犯了他的正当程序权利。在决定他的刑期时，法官查阅了他的犯罪记录和人工智能工具 COMPAS 给出的评分。COMPAS 软件采用的专有算法会考虑包含 137 项题目在内的问卷表上的回复内容。COMPAS 在分类时将 Loomis 归入重犯风险较高的类型，Loomis 被判监禁 6 年。他提起上诉，理由是法官在考虑算法结果时，算法的内部运行是秘密的，无法加以检查，这侵犯了他的正当程序权利。威斯康辛州最高法院判定初审法院在量刑时所采用的算法风险评估并不侵犯被告的正当程序权利，即使该评估既不对法院公开，也不对被告公开。我们将在第七章讨论这一判例。

人工智能法相关的另一起有趣的判例是 Munoz v. Orr[51]，在这起集团诉讼［适用《联邦民事诉讼程序规则》（Federal Rules of Civil Procedure）23（b）（2）］中，原告指控雇员升职系统歧视西班牙裔男性。对于本章来说相关的问题是处理雇员升职事宜的功绩升职计划系统（Merit Promotion Plan），该系统包括名为"人事安排和推荐系统"（Personnel Placement and Referral System，简称 PPRS）的基于算法的自动化系统。PPRS 的工作原理类似漏斗，首先考虑所有名义上符合升职条件的雇员，然后根据逐级细化的要求缩小范围，直到生成排序的入围名单。原告指控基于性别和国籍的歧视违反了《美国 1964 年民权法》（以下简称《民权法》，the US Civil Rights

Act of 1964）第 7 编的规定。[52] 在证据开示期间，原告申请获得有关雇主的升职程序相关信息，包括查阅自动化的 PPRS 系统中使用的算法。经过对算法的密室审查（in-camera review），联邦地区法院驳回了原告的申请。

从这一案例，我们可以看出有必要更详细地讨论美国联邦法院如何根据《民权法》评判人工智能实体实施的歧视行为在《民权法》第 7 编调整的诉讼中，法院对于下列两类情形承认反歧视的诉讼请求：差别待遇（disparate treatment）和差别影响（disparate impact）[53]。差别待遇是指在雇佣条件和（本案涉及的）升职时考虑种族、祖籍国（national origin）和性别等因素。认定构成差别待遇的表面（prima facie）要素包括：（1）原告是《民权法》规定的受保护群体成员；（2）原告提出申请，并且符合雇主提出的工作或者升职条件；（3）原告尽管符合条件，但是被拒绝；（4）原告被拒绝之后，该职位依然空缺，雇主还在寻找符合原告条件的申请人。[54]

在这起案件中，法院判定，从整体来看，涉及整类群体的诉讼请求（class-wide claims）无论属于差别影响还是差别待遇，原告的证据并没有提出真正的重要事实（material fact）问题。法院的理由是，PPRS 系统所采用的算法与个人主观决策结合，使得我们难以区分升职决定每个部分的统计学意义上影响，原告并没有提供雇员升职决定的充分的统计学研究供法院得出是否构成差别影响或者差别待遇的结论，两者存在重叠之处。升职计划本身包括了联邦法院判定并不能证明任何构成歧视主张的 PPRS 算法，构成诉争的拒绝升职决定的"理由"。原告需要证明对于升职计划和算法显示故意歧视，或者原告被拒绝的升职某种程度上是可以与升职体系相互分离的。

正如上文所述，算法越来越广泛地用于不同决策场景，包括司法实践。因为法院判决对个人权利产生重大影响，所以重要的是能够确定和完美地纠正人工智能系统存在的偏见，以避免决策的不公正或者不准确，可能加剧已有的不平等。[55] 按照现阶段的科技水平，只有某些法院判决或者法院判决的部分内容可以由算法作出。在启用任何算法取代人类法官作出定罪判决之前，我们必须确保它所作出的判决至少是和人类法官一样做到公正和有正当性基础。就这一点而言，欧盟委员会（European Commission）的人工智能高级专家小组（HLEG on AI）认为人工智能系统只要符合法律、伦理，也是稳健的（robust），就是值得信赖的。[56]

在讨论人工智能符合伦理还是存在歧视时考虑的首要问题是算法本身或者用于训练算法的数据中是否存在偏见，无论其有意或者无意，因为这可以让计算和预测过程受到影响或者被扭曲。**偏见可能是因为采样和测量错误，导致数据不完整，作为依据的数据太少或者完全是错误的。**偏见的发生可能是因为数据收集过程中存在的过错。但是，如果数据缺失，是因为数据本来就不存在，那么要想纠正偏见就不容易了。**此外，数据本身也可能携带反映社会不平等的成见（prejudice）。**例如，种族和性别不平等，以及与社会背景或者个人性取向相关的偏见。用于预测与特定被告行为相关风险的算法，所依据的是来自种族不容忍程度较高的司法管辖区的历史数据，它可能会反映执法的对象选择不成比例，导致所收集数据的最终样本存在代表性过度（overrepresentation）的问题。

5.2 欧盟判例

正如上文所述，欧盟人权法的重要来源是欧洲人权法院。欧盟聚焦侵犯人权问题的判例不少是位于斯特拉斯堡（Strasbourg）的欧盟人权法院审理的。[57] 晚近的一起相关判例是 Big Brother Watch and Others v. the United Kingdom。[58] 在该案中，欧盟人权法院裁定英国的批量数据收集（bulk data-collection）项目违反了人权法，因为它们未能将充分的隐私保护和监督纳入其中，但是大规模的监控和情报分享并不违反国际法。这份裁决主要依据的是《欧洲保护人权和基本自由公约》（the European Convention for the Protection of Human Rights and Fundamental Freedoms）第 8 条所规定的尊重私人和家庭生活的权利，以及第 10 条所规定的表达自由。该案中起诉书对《调查权条例》（the Regulation of Investigatory Powers）所构建的授权监控的法律制度提出了质疑。具体来说，起诉书认为，监控制度牺牲了英国公民基于该公约第 8 条所享有的权利，因为大批量收集数据而没有提供任何要求的怀疑证明，具有任意性（indiscriminate nature）。

该案表明在指控人工智能侵犯人权时，可能会涉及诸多法律规范。例如，2013 年联合国 68/167 号有关数字时代隐私权的决议（UN Resolution 68/167 on the 2013 Right to Privacy in the Digital Age）呼吁各国审查有关监控的政策和实践，确保人权法保障的隐私，建立独立、有效的监督机制以确保透明和可问责。1992 年《国际电信联盟组织法》（the International Telecommunication Union of 1992）尽可能地确保成员国公民国际通信秘密。此外，欧洲委员会（the Council of Europe）发布的四份文件对于人权和人工智能问题的讨论也是相关的，其中《关于自动化处理个人数据的个人保护公约》（the Convention for the Protection of Individuals with regard to Automatic Processing of Personal Data）、部长委员会的建议案（the

Recommendation of the Committee of Ministers）、《网络犯罪公约》（the Convention on Cybercrime）和《欧盟通过法律实现民主委员会关于对信号情报机关的民主监督的报告》（the Report on the European Commission for Democracy through Law on the Democratic Oversight of Signals Intelligence Agencies），这些文件都回应和采纳了与联合国决议之规定类似的隐私保护原则，并且呼吁进行有效的监督。最后，《欧盟基本权利宪章》（the Charter of Fundamental Rights of the European Union）在作为《欧洲人权公约》（the Convention on Human Rights）之必然结果的若干条文中规定了保护私人和家庭生活、个人数据、表达自由和信息。在上文讨论的案件中，欧洲人权法院也将《数据保护指令》（the Data Protection Directive）、GDPR和《隐私和电子通信指令》（the Privacy and Electronic Communications Directive）作为承认和保护类似的个人隐私权的欧盟法律规范。

与人工智能法和人权相关的另一起案件是 Catt v. United Kingdom。[59] 本案对于警察机关监控公共场所中的个人，并且保留他们的个人信息的做法提出了质疑。2010年，Catt 提起诉讼，认为根据《欧洲人权宪章》第8条第2款的规定，政府没有"必要"保存他的数据；欧洲人权法院在2011年受理他的起诉。该案中，欧洲人权法院认定英国侵犯了 Catt 的隐私权，Catt 作为和平运动活跃分子，尽管从未被定罪，但是他的姓名等个人信息被收入警察机关的"极端分子数据库"（Extremism Database）。欧洲人权法院认定"国内极端主义"（domestic extremism）这一术语的各种定义是有问题的，裁定没有"迫切的需要"在警察机关的数据库中"保存" Catt 的个人数据，这么做构成侵犯了他的隐私权。具体来说，保存他的有关和平抗议的数据，既不能表明总体上是必要的，也不能表明对于特定调查的目的来说是必要的。[60]

国家公共秩序情报组协调员（the Coordinator）也承认，并非所有与 Catt 有关的记录都已经得到披露，"理由是披露将会影响犯罪的调查或者侦查，因此该材料根据《数据保护法》（the Data Protection Act）第 29 条的规定可以不披露"。英国上诉法院（the British Court of Appeal）以一致意见认定在国家数据库中收集和保存 Catt 的个人信息构成《欧洲人权宪章》第 8 条所规定的"无正当理由的干预"（unjustifiable interference）。英国上诉法院的理由是 Catt 的个人信息并不能用于警察机关声称的目的，即预测 Smash EDO 这一组织未来可能组织的抗议的地点、参加人数和策略。英国上诉法院确认被告需要承担证明该干预是有正当理由的责任，并且指出"引人注意"的是，国家协调员未能证明所保存的 Catt 的个人信息"事实上对于警方有任何帮助"。简而言之，英国上诉法院认定：

> 系统性地收集、处理和保存可搜索的个人信息数据库，即使是相对常规的类型，也会涉及对私人生活获得尊重权的明显干预。如果证明它可以以充分重要的方式促进公共利益，这些行为就是有正当理由的，但是在本案中，我们认为被告尚未表明信息的价值已经证明持续保存是有必要的。

英国最高法院推翻了上诉法院的判决，判定根据《欧洲人权宪章》第 8 条的规定，这种干预是合法的，考虑到数据范围的有限性，对数据的保存也是有正当理由的。

在本案的背景中，政府（和公司）认为，如果"只"依据公开

36

信息，"公共空间"信息的收集和分析对于个人隐私影响有限。这种陈述没有考虑到收集、保存、使用和分享从公共场所和社交媒体所获得的个人数据具有侵入性（intrusive nature）。[61] 当公开数据集被汇集在一起时，这种隐私侵入性会被强化。事实上，如果对其不加规制，为了情报收集的目的而对于公开信息的常规收集和处理，正如我们在其他形式的隐蔽监控行动中所看到的一样，可能会导致权力滥用。[62]

在我们看来，正如本章讨论的，人工智能所影响的不只是《欧洲人权宪章》有关歧视和数据隐私的条款，也会影响刑法和拘禁、引渡、表达自由、思想自由、集会自由、健康、工作和营业，以及自由选择。但是，迄今为止，正如我们在本书中所讨论的，欧洲人权法院的关注焦点大部分是在《欧洲人权宪章》第8条（亦即隐私权）。本章在关注刑法时，我们也讨论欧洲人权法院为什么应当改变《欧洲人权宪章》第6条的原则（公平审理原则和武器平等原则）。

第六节　概　要

人工智能如果设计目的是尊重人权，符合人类价值观，增进福利，同时为尽可能多的人赋能，那么它在社会的广泛应用可以成为强大的向善的力量。从人权的角度来看，人工智能的进展应当是为所有人服务，而非仅仅造福小规模的群体，某一个国家或者某一家公司。人权共同体，不仅仅是联合国、人权非政府组织、人权辩护者、各国人权组织等，需要围绕人工智能对人权的影响而进行诉讼、抗议、倡议、研究或者写作。例如，人权观察组织（Human Rights Watch）、大赦国际（Amnesty International）等领先的国际人权非政府组织，以及职业组织，可以在这方面发挥领导作用。事实上，大赦国际宣布了人工智能和人权计划，并且正在围绕"机器人杀手"的人权影响等开展重要工作，大赦国际的人工智能和人权计划尽管还处于初期阶段，但是已经清楚地表明了一系列优先事项，兹摘录部分内容如下：

1. 就应用人工智能促进人权而言，我们（大赦国际）正在开展示范项目，将机器学习用于人权调查，为扩大人工智能在我们的研究和宣传工作中的应用而制定了激动人心的计划，与技术专业和伙伴进行密切合作。我们强烈支持人工智能向善运动。

2. 就人工智能对于人权的已有和潜在负面影响而言……我们关注的领域是在下列场景中的可问责性、透明性和获得救济的机会：

① 机器学习应用中存在歧视的可能性，特别是当其涉及警务活动、刑事司法体系和获得关键经济和社会服务时；

② 自主武器系统的可能发展；

③ 自动化对社会的影响，包括对工作权和生存权的影响；

④ 人工智能对于隐私和对信息的信任的影响。

简而言之，考虑到确认潜在的侵犯人权行为的重要性，我们有必要预防在未来出现这些风险。对于机器学习系统的开发者而言，这就要求：在设计模型、系统的影响，或者在机器学习开发团队中决定使用哪些训练数据等方面纠正歧视；追求多元性、衡平性和其他包容方式，以通过设计确定偏见为目标；以及将预防无意发生的歧视设为重要目标。[63] 此外，各国应当确保，如果机器学习系统将用于公共部门，它们的实施应当符合正当程序标准[64]，在人工智能系统的开发和实施阶段采用明确的问责制，以及明确哪些机构或者个人在法律上对通过利用这些系统作出的决定负责。我们还应当因为公共或者私人机构所采用的机器学习和其他人工智能系统导致的歧视性损害，向受害人提供有效的救济，包括补偿，适当时候涉及赔偿、对负责人实施制裁，以及担保不再犯错。[65] 这可能是在适用现有的法律或者规章情况下可以做到的，或者可能需要制定新的规制方法。

注释

1. Universal Declaration of Human Rights（《世界人权宣言》），G.A. Res. 217A（III），U.N. Doc. A/810（1948）.

2. International Covenant on Civil and Political Rights（《公民权利和政治权利国际公约》），opened for signature 16 December 1966，999 U.N.T.S. 171，6 I.L.M. 368（1967）（entry into force 23 March 1976）；see also 138 Cong. Rec. S4783–4784（daily ed. 2 April 1992）；31 I.L.M. 645, 651–660（1992）[展示了与美国根据《公民权利和政治权利国际公约》规定所负义务相关的保留、谅解和宣言（reservations, understandings, and declarations）的文本].

3. International Covenant on Economic, Social and Cultural Rights（《经济、社会和文化权利国际公约》），adopted and opened for signa-ture, ratification and accession by G.A. Res. 2200A（XXI）of 16 December 1966（entry into force 3 January 1976），in accordance with Art. 27.

4. 下列文件或者组织可以作为有关人工智能与人权、伦理之工作的参考和例证：N. Wiener, *The Human Use of Human Beings*, Houghton Mifflin, New York, USA 1954；*The International Convention on the Elimination of All Forms of Racial Discrimination*, 1965；*The Convention on the Rights of the Child*, 1990；*The Convention on the Elimination of All Forms of Discrimination against Women*, 1979；The Convention on the Rights of Persons with Disabilities, 2006；*The Geneva Conventions and Additional Protocols*, 1949；IRTF's Research into Human Rights Protocol Considerations, 2018；*The UN Guiding Principles on Business and Human Rights*, 2011；British Standards

Institute BS8611: 2016, *Robots and Robotic Devices; Guide to the Ethical Design and Application of Robots and Robotic Systems*, 2017。

5. Solon Barocas and Andrew D. Selbst, *Big Data's Disparate Impact*, 104 California Law Review 671 (2016).

6. Filippo Raso, Hannah Hilligoss, Vivek Krishnamurthy, Christopher Bavitz, and Levin Kim, *"Artificial Intelligence & Human Rights: Opportunities & Risks,"* Berkman Klein Center for Internet and Society, Harvard University, 2018.

7. European General Data Protection Regulation 2016/679.

8. Article 25 EU GDPR, Data Protection by Design and by Default, accessed 7 July 2020, at http:// www.privacy-regulation.eu/en/article-25-data-protection-by-design-and-by-default-GDPR.htm. See the guidelines of the European Data Protection Board (EDPB), accessed 7 July 2020, at https:// edpb.europa.eu/our-work-tools/public-consultations-art-704/2019/guidelines-42019-article- 25-data-protection-design_it.

9. Infra note, 39.

10. Danah Boyd, Karen Levy, and Alice Marwick, "The Networked Nature of Algorithmic Discrimination," in Seeta Peña Gangadharan, Virginia Eubanks, and Solon Barocas (eds.), *Data and Discrimination: Collected Essays*, Open Technology Institute 2014, accessed 7 July 2020 at https://timlibert.me/pdf/2014-Data_Discrimination_Collected_Essays.pdf.

11. The Campaign to Stop Killer Robots, https://www.stopkillerrobots.org/; Human Rights Watch, Killer Robots, 2020, accessed 7 July 2020 at https://www. stopkillerrobots.org/. Also see, 74th UN General Assembly First Committee on Disarmament and International Security, Campaign to Stop Killer Robots, 21 October 2019, accessed 7 July 2020 at https://www.stopkillerrobots.org/publications/.

12. The Campaign to Stop Killer Robots, *The Threat of Fully Autonomous Weapons*, 2020, accessed 7 July 2020 at https://www.stopkillerrobots.org/learn/.

13. Christiaan van Veen, "Artificial Intelligence: What's Human Rights Have to Do with It? " 2018, accessed 7 July 2020 at https://points.datasociety.net/artificial-intelligence-whats-human-rights- got-to-do-with-it-4622ec1566d5.

14. Id.

15. Id.

16. Id.

17. *Supra* note 6.

18. Id.

19. Id.

20. *Supra* note 1.

21. *Supra* note 3.

22. United Nations, Human Rights Council, *Report of the Independent Expert on the Enjoyment of all Human Rights by Older Persons*, Official documents, accessed 7 July 2020 at https://documents-dds-ny.un.org/doc/UNDOC/GEN/G17/219/52/PDF/G1721952.pdf?OpenElement.

23. Joshua A. Kroll et al., *Accountable Algorithms*, 165 University of Pennsylvania Law Review 633 (2017).

24. Barocas and Selbst *supra* note 5; Danah Boyd, Karen Levy, and Alice Marwick, "The Networked Nature of Algorithmic Discrimination," in Seeta Peña Gangadharan, Virginia Eubanks, and Solon Barocas (eds.), *Data and Discrimination: Collected Essays*, p. 53, 2014, accessed 9 July 2020 at https://na-production.s3.amazonaws.com/documents/data-and-discrimination.pdf.

25. Will Knight, *How to Fix Silicon Valley's Sexist Algorithms*, MIT Technology Review, 23 November 2016.

26. Id.

27. Toronto Declaration *infra* note 32.

28. Id.

29. United Nations Human Rights Committee, General comment No. 18, UN Doc. RI/GEN/1/Rev. 9 Vol. I (1989), UN OHCHR, *Tackling Discrimination against Lesbian, Gay, Bi, Trans & Intersex People Standards of Conduct for Business*, 2017, accessed 7 July 2020 at https://www.unfe.org/ standards/,六项系统目标，它们创建自我实现的成功标志，强化不平等模式或因为使用非代表性或有偏见的数据集而引起的问题。

30. Toronto Declaration *infra* note 32.

31. Id.

32. The Toronto Declaration: Protecting the Right to Equality and Non-Discrimination in Machine Learning Systems, 2018, accessed 7 July 2020 at https://www.accessnow.org/cms/assets/uploads/2018/08/The-Toronto-Declaration_ENG_08-2018.pdf.

33. Alex Campolo, Madelyn Sanfilippo, Meredith Whittaker, and Kate Crawford, "AI Now 2017 Report," 2017, AI Now Institute, accessed 7 July 2020 at https://ainowinstitute.org/AI_Now_2017_ Report.pdf.

34. UN Committee on Economic, Social and Cultural Rights, General Comment No. 20, 2009.

35. Committee on Economic, Social and Cultural Rights, General Comment No. 20, Non-Discrimination in Economic, Social and Cultural Rights (art. 2, para. 2) U.N. Doc. E/C.12/GC/20 (2009), accessed 4 June 2020 at http://hrlibrary.umn.edu/gencomm/

escgencom20.html.

36. Toronto Declaration *supra* note 32.

37. Id.

38. IBM, *Everyday Ethics for Artificial Intelligence*, 2019, accessed 7 July 2020 at https://www.ibm. com/watson/assets/duo/pdf/everydayethics.pdf.

39. B. Smith, "The Future Computed: Artificial Intelligence and its Role in Society," Microsoft, 2018.

40. See U. Pagallo, P. Casanovas, and R. Madelin, *The Middle-Out Approach: Assessing Models of Legal Governance in Data Protection, Artificial Intelligence, and the Web of Data*, 7 Theory and Practice of Legislation 1（2019）.

41. IEEE Global Initiative on Ethics of Autonomous and Intelligent Systems, Ethically Aligned Design: A Vision for Prioritizing Human Well-Being with Autonomous and Intelligent Systems, Version 2, 2017, accessed 7 July 2020 at https://standards.ieee. org/news/2017/ead_v2.html.

42. European Court of Human Rights, accessed 7 July 2020 at https://ijrcenter.org/european-court-of-human-rights/.

43. The Toronto Declaration: Protecting the Rights to Equality and Non-Discrimination in Machine Learning Systems, 2018, accessed 7 July 2020 at https://www.accessnow.org/the-toronto-declaration-protecting-the-rights-to-equality-and-non-discrimination-in-machine-learning-systems/.

44. See https://futureoflife.org/ai-principles/（accessed 7 July 2020）.

45. *Da Silva Moore v. Publicis Groupe*, 287 F.R.D. 182（S.D.N.Y. 2012）.

46. Id. at 183.

47. *Dynamo Holdings Ltd. P'ship v. Comm'r of Internal Revenue*, 143 T.C. 183, 2014 W.L. 4636526（2014）.

48. Id. at 192.

49. *Rio Tinto PLC v. Vale S.A.*, 306 F.R.D. 125, 127（S.D.N.Y. 2015）.

50. *Loomis v. Wisconsin*, 881 N.W.2d 749（Wis. 2016）, cert. denied, 137 S.Ct. 2290（2017）.

51. *Munoz v. Orr*, 200 F.3d 291（2000）.

52. Title VII of the US Civil Rights Act of 1964, as amended, 42 U.S.C. § 2000 *et seq*.

53. 在一起差别影响诉讼中，原告指控雇主的一项表面看来中立的做法产生了歧视性效果。

54. See *McDonnell Douglas Corp. v. Green*, 411 U.S. 792, 802, 93 S.Ct. 1817, 36 L.Ed.2d 668（1973）.

55. Eolenka, "Bias in the AI Court Decision Making: Spot it before you Fight It," 2019, accessed 7 July 2020 at https://towardsdatascience.com/bias-in-the-ai-court-decision-making-spot-it-before-you-fight-it-52acf8903b11.

56. European Commission, High-Level Expert Group on AI Presented Ethics Guidelines for Trustworthy Artificial Intelligence, 7 July 2020 at https://ec.europa.eu/digital-single-market/en/news/ethics-guidelines-trustworthy-ai.

57. See generally Council of Europe, accessed 7 July 2020 at https://ai-lawhub.com/government/#council.

58. *Big Brother Watch and Others v. the United Kingdom* (58170/13), 13 September 2018 [2018] 9 WLUK 157.

59. *Catt v. United Kingdom* (43514/15) 24 January 2019 [2019] 1 WLUK 241; (2019) 69 E.H.R.R. 7.

60. Id.

61. Id.

62. Id.

63. Toronto Declaration *supra* note 43.

64. The Nature of States Parties' Obligations, UN Doc. E/1991/23 (1990) Article 2 Para. 1 of the Covenant; International Convention on the Elimination of All Forms of Racial Discrimination, Article 6; Convention on the Elimination of All Forms of Discrimination against Women and UN Committee on Economic, Social and Cultural Rights (CESCR), Article 2, General Comment No. 9: The Domestic Application of the Covenant, E/C.12/1998/24 (1998), accessed 7 July 2020 at http:// www.refworld.org/docid/47a7079d6.html.

65. *Supra* note 35.

第三章　宪法挑战

第一节　引　言

第二章讨论的焦点在于人权法与人工智能。本章将继续通过讨论宪法赋予的权利，分析人工智能的应用对基本权利的影响。人工智能的人格权（personhood rights）属于宪法学的传统议题，将在第四章重点论述，于此不赘。但是，需要指出的是，对于人工智能实体的诉讼权利主张存在的现有障碍在于缺乏法律上的人格地位。如果人工智能最终被赋予法律人格权利，本章所讨论的许多权利和法律问题都将是相关的。

总的来说，宪法涉及的是政府或者欧盟之类的国家联盟行使权利时需要遵循的基本原则。有的时候，这些原则赋予各个政府以具体的权力，例如警察权、为了民众福利而征税和支出的权力。其他时候，宪法原则对政府可以做哪些事施加限制，例如禁止个人在缺乏充分事由或者正当程序的情况受到逮捕或者监禁。在大多数国家，宪法权利是根据国家成立时所批准的宪法文本而确立的，要么是在政治危机导致通过新宪法时确立的。

第二节　欧盟的人工智能与宪法权利

在欧盟，宪法权利的法律渊源，大多数时候在于条约，欧盟最高法院（the EU Court of Justice）认为这些条约应当被视为具有欧盟的宪法性法律之地位。不仅如此，基本权利还可以依据各个欧盟成员国的宪法而确立。在欧盟，处理技术问题的判例法通常是由位于卢森堡的欧盟最高法院审理的。迄今为止，欧盟最高法院还没有在具体案件判决中使用人工智能这一术语，但是已经有一些判例涉及算法的应用，这也是人工智能常见的技术之一。欧盟最高法院的大多数裁判所关注的是技术与宪法的问题，具有代表性的就是下列一类案件（算法发挥的功能、人工智能技术对于每起案件来说都是重要的组成内容）。

第一，移除互联网上之信息，例如 Glawischnig- Piesczek v. Facebook Ireland 案。[1] 欧盟最高法院的判决表明，反对服务提供商承担一般监督义务的规则（《电子商务指令》第 15 条[2]）并不能排除欧盟成员国的国内法院命令脸书等托管平台持续和在全世界范围内移除非法的用户生成内容，以及与过去认定违法之内容"相同"（identical）或者"相当"（equivalent）的内容。除了可能为平台创设持续监督义务之外，该判决还导致了某些担忧，因为它可能给平台需要监督的领域引入不确定的法律概念，例如"相同"和"相当"内容，从而允许更容易采取审查制度的国家设定适用于全球的标准。

第二，有些欧盟判例已经涉及互联网上信息的自动化和过滤，例如 SABAM v. Netlog NV。[3] SABAM 是家代表音乐家保护著作权作品的公司，向一家比利时法院提起诉讼，指控社交网络企业 Netlog，要求建立过滤系统，防止其客户的作品在未经授权的情况向他人提供。欧盟最高法院认定，过滤机制将会违反欧盟《电子商务指令》（Directive 2000/31/EC）[4]、《著作权指令》（Directive 2001/29/EC）[5]、《知识产权执法指令》（Directive 2004/48/EC）[6]，并且侵犯信息自由、保护个人数据等基本权利。Netlog 案判决认为，禁令会违反《电子商务指令》和《欧洲人权公约》第 8 条和第 10 条所订入的"没有监督的一般性义务"（no general obligation to monitor）。受 Netlog 案的推理所说服，比利时法院将以下问题作为初步议题（preliminary issue）移送作为欧盟最高法院处理：《著作权指令》和《知识产权执法指令》，连同《数据保护指令》[7]《电子商务指令》[8] 和《隐私和电子通信指令》（Directive 2002/58/EC）[9]，在根据《人权和基本权利欧盟宪章》（the European Convention on the Protection of Human Rights and Fundamental Freedoms）第 8 条和第 10 条的精神进行解释时，在本案中是否有说服力？欧盟最高法院在认定该案讼争的过滤系统，即要求监督所有数据以防止侵犯知识产权行为的发生，与《电子商务指令》第 15 条存在抵触时，提到了一份之前作出的判决。欧盟最高法院指出，根据为了保护相关基本权利的需要，对《电子商务指令》《著作权指令》和《知识产权执法指令》等三部指令一起进行解读时，应当被解释为不得对于被要求安装讼争过滤系统的托管服务提供商发布禁令。

第三，另一起关注知识产权问题的互联网案件是 Scarlet Extended SA v. SABAM.[10] 在 2004 年，Société belge des auteurs, compositeurs et éditeurs SCRL（"SABAM"），即上文提到的位于比利时的著作权管理公司，代表音乐作品的作词、作曲和编辑，授权第三方使用受著作权保护的作品，它对提供互联网服务但是不提供文件分享或者下载服务的互联网服务提供商 Scarlet 提起中间诉讼。[11] SABAM 指控，接受 Scarlet 提供服务的互联网用户在使用点对点服务，未经授权下载 SABAM 所列目录中的著作权作品。除了希望寻求法院做出 Scarlet 的服务导致互联网用户侵犯其著作权的宣告判决之外，该协会还寻求法院颁布禁令，命令 Scarlet 屏蔽或者让其

42

用户无法发送或者接收包含受著作权保护的音乐作品的文件。该案涉及的问题之一是在服务被第三方用于侵犯著作权，或者强迫公司安装过滤系统以屏蔽违法使用文件分享服务时，成员国法院颁布禁令，是否符合欧盟的法律。欧盟最高法院判定此类措施违反《电子商务指令》(Directive 2000/31)第15(1)条的规定，[12]该条文禁止对互联网服务提供商设定对所传输信息实施一般性监督的义务，而且这么做不利于保护互联网用户享有的保护其个人数据的基本权利和欧盟基本权利宪章所保障的表达自由。欧洲最高法院指出，根据《著作权指令》第8(3)条和《知识产权执法指令》第11条的规定，"知识产权持有人可以申请对互联网服务提供商(ISPs)等中介颁布禁令，如果它们的服务被第三方用于侵犯自己的权利"。[13]根据判例法，欧盟最高法院作出的解释是，这些指令允许各国法院向互联网中介发布命令，要求它们"采取措施，不仅结束先前采用自己提供的信息社会服务实施的侵犯知识产权的行为，而且预防未来发生侵权行为"。[14]但是，欧盟最高法院强调指出，此类命令不得违反《电子商务指令》第15(1)条的规定，即禁止通过"要求互联网服务提供商对其在自己网络上所传输信息实施一般性监督的"规定。[15]根据上述讨论，欧盟最高法院认定对Scarlet施加的义务，即为了识别和拦截违法利用文件分享服务的过滤系统将会事实上要求公司在不确定的一段时间内实施成本高昂的一般性监督工作，这是与《电子商务指令》的规定相悖的。

出于某种理由上述案例与隐私保护(《欧盟基本权利宪章》第7条)和数据保护(第8条)有所重合。因此，主要讨论数据保护的第五章对此也会有所涉及。欧盟学者也关注与人工智能相关，但是常常超出欧盟条约调整范围之外的其他宪法问题，例如国家安全和公共秩序。因此，确切来说，这些问题：

要么属于欧盟成员国规制权范围；
要么最终将我们带回欧洲人权法院的管辖范围。

例如，我们可以考虑一下学者们的相关讨论，即我们为什么应当以新的数据保护令（*habeas corpus*）的一般原则补充人身保护令的原则。根据《意大利宪法》第 14 条的规定，对于个人住宅的保护是"不可侵犯的"（inviolable）（尽管当然存在某些限制，例如行政命令或者法官的批准）。[16] 但是，根据意大利宪法法院，隐私权和所有数据保护权应当理解为属于第 2 条而非第 14 条的一般条款的调整（和保护）范围。因此，对于基本上可以被视为"数字住宅"（digital house）适用的信息隐私权，受到的保护程度弱于个人的实体住宅（尽管对于很多人来说，相比实体住宅，在"数字住宅"里储存了"更多东西"，例如数字化的个人数据）。在意大利法律体系中，扣押财物需要得到法官的批准；但是是否干涉个人的信息隐私则留给公诉人这一"层级较低的权力"来决定。为了继续讨论人工智能应用对权利的影响，本章下一节重点围绕《美国宪法》三项修正案，讨论相关宪法问题。

第三节　美国宪法

当政府出于各种目的而使用人工智能时，基于美国联邦宪法赋予个人的若干权利就会发挥作用，因而提出了重要的宪法问题；例如，在诉讼程序中作为呈堂证据使用的算法是否侵犯了正当程序原则，政府为了搜查和扣押目的而使用人工智能是否属于合乎宪法的权力行使；或者人工智能的使用是否侵犯了被告不在刑事诉讼中自证其罪的权利。在明确这些问题之后，本章的下一节将简要总结与人工智能相关的美国宪法原则，特别是第一修正案（言论自由）、第四修正案（搜查和扣押）和第五修正案（正当程序）相关的法律规范。

在讨论人工智能相关的美国宪法问题之前，我们首先有必要简要评论法院为了确定政府行为是否合宪时所采用的标准。当法院要确定某一政府行为（通常是某一法律或者规章）违宪时，法院首先选择审查强度（Level of Scrutiny），以确定它将在何种程度上对该行为持怀疑态度。法院的判决取决于议题的敏感程度，因为特定的自由受到的保护程度高于其他自由，特定类型的个人受到的保护程度也高于其他人。我们常常可以将审查强度视为存在一个谱系：合理依据的审查标准（Rational-Basis Review）[1]为一端，中度审查标准（Intermediate-Level Scrutiny）大致居于中间，而严格审查标准（Strict Scrutiny）则处于另一端。

最高法院在 1934 年的 Nebbia v. New York 案中提出了合理依据审查标准。[17] 在该案中，店主 Nebbia 被判定违法，他对自己的定罪判决提出质疑。Nebbia 的理由是《美国宪法》规定的正当程序条款保护他免受不公平或者不合理的规制权侵害。最高法院驳回了 Nebbia 的诉讼请求，指出政府有权为了规制经济的目的对私人行为创设一般性的限制，只要政府行为不是"无端、歧视或者明显与其作为规制对象的行为不相关"；也就是说，它必须与合法的政府利

---

[1] 如果某一特定制定法的制定有合理依据，并且该法与达到合法的政府目的有合理的联系，则上诉法院将不就该法是否明智或合理对立法机关进行事后批评。同样的标准也可适用于法院对某一行政机关的决定的审查。——译者注

益存在合理的关联。最高法院认为，该案中的政府行为只是正常的政府规制，因此它只需要符合合理的要求。但是，根据中度审查标准，法律只有在与重要的政府利益存在实质性关联时，才能得到支持。根据美国最高法院的判决，基于性别的政府分类应当受到中度审查［准可疑分类（quasi-suspect classifications）］。[18]

严格审查对于政府行为来说是更难获得通过的门槛。最高法院宣称，政府规制如何影响某一受保护的自由（例如生育或者婚姻）、受保护的行为（例如政治言论），或者对受保护的阶层［例如种族或者祖籍国（national origin）］构成不公平的差别对待，那么它们应当受到非常严格的审查。[19] 最高法院认为，剥夺个人最为基本的自由，这一意图应当受到"严格审查"；如今对于法院进行严格审查时所用标准的正式归纳是，要对法律详细规定，以确保法律实现必要的政府利益（compelling government interest）。[20]

3.1 第一修正案：言论自由权

《美国宪法》第一修正案规定，"国会不得制定关于下列事项的法律：确立国教或禁止信教自由；剥夺言论自由或出版自由；或剥夺人民和平集会和向政府陈情请愿的权利"。[21] 正如有些法律学者所指出的，配备语音能力的技术（technology equipped with speech capabilities）正在以深刻和有趣的方式推动第一修正案的理论和教义的发展。[22] 例如，在法学教授马萨罗（Massaro）和诺顿（Norton）看来，随着配备人工智能的系统自主程度越来越高，一项重要的法律问题是言论被视为来自个人还是人工智能，在这两种情况下发言人或者听众被赋予何种宪法权利？[23] 这又会引发新的问题，即人工智能生成的言论即使没有可以定位和可问责的人类主体作为其言论的听众，是否完全应当属于第一修正案调整范围。马

46

萨罗和诺顿认为，在美国，对于赋予人工智能以第一修正案规定的权利来说，言论自由原则不会构成明显的障碍；也就是说，他们发现，发言者是不是人，从逻辑上讲并不会成为第一修正案之法理的关键成分。[24] 因此，正如马萨罗和诺顿所指出的，如果第一修正案可以被解释为如果目标是保护人类听众听到人工智能发言者的信息之利益时，对作为发言者的人工智能提供保护是有必要的。[25]

有趣的是，在美国，法院已经判定公司拥有第一修正案规定的权利[26]；但是，正如马萨罗和诺顿所认定的，它们早已被认为拥有"派生性的"（derivative）第一修正案规定的权利，以向自然人传达信息的方式行使权利，而非为权利而权利或者凭借自身的实力。但是，随着人工智能继续发展，我们有必要考虑人工智能实体享有第一修正案规定的权利，以满足保护人工智能言论（AI Speech）的需要，而不管是否有自然人在听。正如马萨罗和诺顿所作的评论，法院可能会将人工智能发言者视为派生性权利的拥有者（derivative rights holders），其拥有的权利区别于自然人所拥有的权利。[27]

3.1.1 赋予人工智能言论权的理论

根据某些评论家的看法，赋予言论权的依据，以及在赋予人工智能实体以言论权的场景中，是将言论自由与自由民主的政治基础和公共对话相互联系的民主和自治观念。基于这一观点，发言者的身份对于某些评论家来说是不相关的[28]；因此，人工智能言论可以直接作为人类言论加以保护，只要该言论有助于民主程序。例如，公司并不拥有作为发言者参与公共对话的第一修正案权利，但是它们可以在某些情况下成为权利主体。[29] 尽管如此，马萨罗和诺顿认为，根据这一观点，当言论并不提供对于听众来说具有敏感性的价值（audience-sensitive value）时，可以对言论施加限制。例如，在美国法上，商业公司既无权利，也无义务在舆论的场域发表自己的观点；相反，商业公司通常只有发表对于寻求参与公共对话的自然人而言有用之信息的权利。[30] 此种进路可以用于对人工智能实体之言论的规制。

言论有助于思想市场（marketplace of ideas）是论证言论权利正当性时经常提到的另一项理由，很大程度上依赖于言论表达对于启发听众具有的工具性价值（instrumental value）。[31] 这一观点也研究了信息的生产，无论其源头为何（人类还是非人类），推定不受限制的发言者能够促进听众通过思想的充分交流而发现知识。[32] 马萨罗和诺顿两位法律学者认为，按照思想市场理论，言论表达来自非人类源头，并不因此使其丧失了对于人类听众所具有的受第一修正案保障的价值。

此外，马萨罗和诺顿认为，采用基于自主的理论（autonomy-based theories）赋予言论以权利保障，对于人工智能发言者享有表达自由权利而言，既是最有前景的，也是最可能产生限制作用的源头。他们强调了人类听众的自治，就这一意义而言，基于自主的理论增强了支持人工智能享有言论自由权的主张，正如人工智能实体可以而且确实产生与人类听众的自主决策相关的信息。根据美国法的规定，只有完全基于人工智能发言者的自主性的理论才会构成保护人工智能的潜在障碍。此类主张与道德的人（moral "person"）之构成要件的哲学讨论关联最为直接，并且要求作出可行的定义，以确定赋予人工智能此类地位所需的各种品质或者属性、人工智能是否满足道德的人（自然人）相关联的标准。[33]

3.1.2 人工智能是非人类的发言者（non-human speaker）

对于人工智能发言者主张第一修正案保障来说最具挑战性的

是这样一些言论自由理论,它们将该修正案保障范围限定于因为(生物学上的)人,而非因为与人相关,但是可能(也可能不是)在将来某个时间点与人工智能发言者相关的标准,例如物质性(corporality)[34]、情感(affect),或者意识(intentionality)。[35] 在这种观点看来,"人"(humanness)的属性既是必要也是充分的。[36] 发言者自主的主张面临某些压力,不仅要确定道德上的人格具有的人类独有的内在品质,也要解释为什么这些品质对于赋予言论自由权利的目的(不是因为他们只能是人)而言是重要的。因为,在美国,第一修正案的法律教义已经找到了多种方式将非传统的发言者及其言论纳入其中,而不管他们的身份或者形式如何,人工智能发言者提出的并非全新的挑战。与发言者的身份一样,表达的内容与法院判决是否以及何时保护言论之间越来越不具有相关性。

如果我们赞成这样的观点,即美国宪法保护的是"言论"而非"发言者",那么我们也可以认为人工智能所生成的许多(或者所有)内容不是言论,而应当视为不受保护的行为。在美国,对于单纯行为的政府规制并不会引发言论自由问题,通常引发的只是合理依据的审查(rational-basis scrutiny)。只有试图就倾听者有理由理解为言论的某些内容进行沟通的行为,通常才具备构成宪法意义上的言论。因为言论—行为的区分可以被理解为对人工智能的众多生成物拒绝提供第一修正案保护的理由,这已经导致学术界讨论一般认为人工智能的言论输出(speech outputs)至少有一部分,也许很多就属于宪法意义上的言论。例如,简·班鲍尔(Jane Bambauer)分析了数据是否构成言论,并且分析了计算机在收集、合成或者传播数据时,是否以及何时只是在行为上(doing something)而非发表第一修正案意义上的言论[37](这一分析似乎同样适用于人工

49

智能）。她认为，计算机通过上述方式生成的内容多数都应当被视为美国宪法第一修正案意义上的言论，因为这是可以用于生成知识的信息（这对于人类来说当然是有价值的）。与之相关，斯图尔特·本杰明认定大多数算法生成物构成当下的言论自由原则意义上的言论，因为它们涉及"可以发送和接收的信息"。[38]

3.1.3 发言者的意图

在美国，第一修正案的判例法有时候要求以言论意图作为对发言者的有害言论追究责任的条件。但是，因为我们可能难以对人工智能生成的言论确定法律上的意图（legal intentionality），对此类言论给予第一修正案的保护，可能意味着它有的时候不会被追究责任，这就不同于人类发表言论的情形，因为我们可以确定人类具有可被责难的精神状态（culpable mental states）。[39] 这些问题可能导致人们更倾向让政府拥有广泛的宪法权力来规制言论而自身不受第一修正案的干扰。要想做到这一点，最简单的方法便是完全取消对此类言论给予言论自由的保护，但是这种做法可能产生风险，让政府压制言论，而让人类听众没有机会享受有价值的表达带来的好处，或者是损失了重要的言论自由利益。[40] 简而言之，因为保护言论的主要基础在于对人类听众而言所独有的表达价值，让此类言论给人类带来价值（和危险）的人工智能受到言论自由保护，并不会让第一修正案不再以人为本（human focus）。对第一修正案进行的一项基于平常含义但是存在争议的解读是，宪法对言论自由的保护并不仅限于人类，还可以延伸到适用于人工智能和自主程序。

50

3.2 第四修正案：搜查和扣押

有的时候，人工智能可以在事实上承担起证人的职责，在调查或者诉讼程序中提供关键证据。但是，使用通过人工智能获得的证据，也会引发《美国宪法》第四修正案规定的宪法权利相关的问题。第四修正案规定：

> 人民的人身、住宅、文件和财产不受无理搜查和扣押（search and seizure）的权利，不得侵犯。除依据可能成立的理由，以宣誓或代誓宣言保证，并详细说明搜查地点和扣押的人或物，不得发出搜查和扣押状。[41]

对于机器学习等人工智能技术而言，人工智能可以在诉讼程序中作为一种独特类型的证据[42]，并且将会引发新的证据问题。例如，越来越多的人在家中使用配备人工智能技术的智能设备，第四修正案并不能禁止这些智能设备提供对我们不利的证据，并且在有的时候还会提供有用的信息，例如证明不在场的证据。对于后者而言，重要的是确定哪些受第四修正案保护的权利在刑事调查或者诉讼程序中因为人工智能的使用而受到不利影响。

宪法承认对隐私拥有正当期待，而这可能会受到人工智能的侵犯。正如美国联邦最高法院在 Riley v. California 案[43]中所判定的，通过手机等消费电子产品，人工智能设备可以收集和处理大量的个人信息。当人们在家中使用智能设备时，大多数人都对隐私拥有合理的期待，但是我们需要确定故意安装收听某个人的声音和向第三方的云自动传输信息，是否意味着该个人已经放弃了他基于第四修正案所享有的隐私权。尽管第四修正案保护个人免受政府不合理的搜查和扣押，但是它并不能阻止我们在家中使用的智能设备（它们并不是政府安装的）出示对我们不利的证据。因为，根据第四修正案的规定，我们的设备可以成为那些被视为证据的信息的存储库，我们必须审查人工智能收集的信息是否属于民事诉讼程序规则意义上的证据，如果是的话，它们是否准确反映了相关活动。随着社会的发展，人工智能的未来所使用的设备可能是可以查询的，能够提供与证人证言相当的信息，这些问题会变得更加重要，而答案却变得不太确定。

在要求民众向第三方提交其电脑、平板电脑、智能手机等终端上存储的数据时，需要尊重多项法律（参见本章开头论述的欧盟判例，作为考察美国之外的其他法域的例子）。尽管第四修正案并不阻止查阅信息，但是它要求执法工作需要符合对应特定情境的规则。在刑事案件中，执法机关必须获得搜查令才能查阅各种智能设备上存储的录音或者数据。在民事案件中，执法机关必须证明存在高度的需要，以及与特定案件的相关性。涉及人工智能与第四修正案相互关系的多起案件引人瞩目。美国联邦最高法院在 2018 年的标志性判例，即 Carpenter v. United States 案中认定，警方需要申请搜查令，才能获取原告手机记录，其中详细记载手机生成的位置信息。[44]法学教授伊丽莎白·乔（Elizabeth E. Joh）认为，尽管人工智能可以在调查过程中发挥积极作用，但是它也引发政府侵犯个人权利的风险。[45]"技术的快速发展正在改变第四修正案的边界"[46]，执法机关现在能够查阅人工智能设备自动记录和存储在云端的大量数据。

就人工智能与第四修正案关系而言，一些重要判例正在出现。例如，在最近的一次调查中，阿肯色州警方获得了搜查令，寻求调取犯罪现场的亚马逊（Amazon）出产的 Alexa 音箱中存储的语音记录。[47]亚马逊公司作为第三方，寻求法院撤销搜查令，理由是该公司希望保护消费者的隐私权。亚马逊在其提交的法律备忘录

52

（memorandum of law）中认为，第一修正案既保护被告发给亚马逊服务器的信息，也保护亚马逊（人工智能生成）的回复。这类判例将帮助确立重要的法律先例，特别是考虑到配备人工智能技术的智能设备日益增强的能力。就当下而言，人工智能与第四修正案之间的法律联系提出了一系列重要问题，即如何在公共利益和个人隐私之间取得平衡，以及人工智能设备所存储并在将来的诉讼程序中使用的信息的准确性问题。因此，用户发给 Alexa 之类设备的信息，包括获取音乐、播客和有声书等表达材料（expressive materials）的请求，应当获得层次更高的第一修正案的保护，与对待书店保存的实体书购买记录相类似。对于 Alexa 的回复，亚马逊认为应当接受第一修正案的保护，理由有二：一是这些回复可能包含用户言论中所提出请求的表达材料；二是这些回复也是亚马逊作出的一种可以享受第一修正案保护的言论形式。[48] 在亚马逊看来，有必要采用更严格的审查标准，以避免对行使第一修正案所赋予权利的用户造成寒蝉效应，影响他们购买表达材料的意愿。

此外，人工智能的警务应用对第四修正案的个别化怀疑分析（individualized suspicion analysis）构成挑战，该分析处理的是查找可能实施犯罪活动的个人，特别是在可以从已经证明的事实中推导出存在合理怀疑或者近因。[49] 在人工智能发展的未来，算法将会识别个人的姓名、地址和社会保障号，以及此人实施特定犯罪活动的概率。可以预测犯罪行为的人工智能具有三项特征[50]：

第一，以算法为基础，将个人数据转化为对个人实施犯罪行为之可能性的预测；第二，算法依赖在通常不充分的信息中发现的模式，利用概率预测，根据犯罪活动的怀疑（suspicion），对个人进行评估；第三，算法使从数据中发现嫌疑人的过程实现自动化。

对基于第四修正案的分析来说，问题在于统计学上的概率如何适应 Brinegar v. United States 案中提出的"个别化怀疑分析"概念[51]。在大多数情况下，警察必须具有个别化怀疑，即警察必须在对某一个人实施搜查和扣押之前，怀疑该个人实施了犯罪行为。[52] 个别化怀疑的两个典型层面的要求是实施优先的搜查和短暂扣押时所需要的合理怀疑（reasonable suspicion），以及实施立即逮捕或者更有冒犯性的搜查措施时所需要的近因（probable cause）。为了确定是否存在个别化怀疑，法院和警察必须查看"整体情况"（the totality of the circumstances）。[53] 人工智能可以分析大量的数据，作出自己的预测，这一能力让人印象深刻，尽管如此，它还不是基于整体情况作出的预测。在这种情况下，人工智能的引用对于既有的第四修正案原则提出了挑战。

3.3 第五修正案：正当程序

《美国宪法》两次提到了对于个人权利而言至关重要的正当程序要求，当人工智能用于诉讼程序，或者政府官员作出的决定影响个人权利时，都需要遵循这一要求。根据第五修正案的规定，任何人不得因为联邦政府的行为，"未经正当法律程序，被剥夺生命、自由或者财产"。第十四修正案同样使用了这一表述（正当程序条款），描述所有各州应当承担的法律义务。这些表述所表达的核心承诺是确保所有各级政府必须在法律范围内运作（合法性），并且提供公平程序。[54] 尽管第十四修正案的条文只针对各州适用平等保护条款，联邦最高法院自 Bolling v. Sharpe 案以来，根据"逆向整合"（reverse incorporation）的原则，通过第五修正案的正当程序条款，对联邦政府适用平等保护条款。[55]

考虑到利用算法等人工智能技术进行数据挖掘，协助警察进行调查活动，辅助法官作出司法判决，政府利用人工智能的行为是否侵犯个人的正当程序权利，是法律和人工智能的重要主题。根据《美国宪法》第五修正案，联邦政府不得剥夺个人的正当程序权利。[56] 如果在刑事诉讼中，《美国宪法》的《人权法案》所提供的所有具体保障规定已经得到遵守，陪审团也作出了定罪判决，那么法院通常会认定被告已经得到了"正当程序"的待遇。[57] 但是，在对人工智能，或者更具体而言，对机器学习适用第五修正案规定之时，人们通常会认为机器学习的结果是不可解释的，甚至专家也无法解释人工智能实体是如何得到特定结论的。基于这一点，根据利用机器学习获得的证据而被认定有罪的个人可能会认为，"以黑箱定罪"（guilt by black box）的做法违反了《美国宪法》第五修正案所规定的获得正当程序对待的权利。

在刑法中，定罪证据（inculpatory evidence）必须有着某种可见的逻辑、解释以及供人检查或者质疑，以便让被告得到正当程序的对待，但是人工智能的利用可能会侵犯这一基本权利。例如，在佛罗里达州，一家州法院判定被告无权查看导致他被逮捕的人脸识别搜索算法所认定的其他嫌疑人的照片。[58] 便衣警察在拍下他非法出售毒品的照片后，他们采用面部分析对比检查系统（the Face Analysis Comparison Examination System，缩写为 FACES）来认定被告是犯罪嫌疑人。按照该软件的设计，对于给定的图片，算法分析会返回多个可能的匹配结果，因此同时认定的还有其他四位嫌疑人。我们似乎有理由假定，要给予被告以正当程序待遇，公诉人必须让被告可以全面查看任何被用于获取对其不利证据的任何算法的信息。但是，佛罗里达州上诉法院裁定，被告无权查看导致其被捕的人脸识别搜查软件所认定的其他嫌疑人的照片。在上诉程序中[59]，被告所提出的核心观点之一是，佛罗里达州已经违反了最高法院在 Brady v. Maryland 案中所确立的法律先例，该先例要求公诉人必须将潜在的定罪证据交给辩护人。[60] 如果人脸识别程序所作出的任何可能的匹配结果中的照片与贩毒者类似，那么被告就可以主张存在违反 Brady 案确立的原则，或者说证据开示程序违法，上诉法院应当予以发回重新初审。

宪法项目（Constitution Project）[1] 这一非营利智库的一位高级顾问，在具有人脸识别技术和隐私法等领域素有专长，他认为 FACES 所作出的其他匹配结果涉及的照片并不是涉及人工智能所带来的正当程序问题的唯一可能的定罪证据。算法质量、信心阈值（confidence thresholds）以及返回匹配结果的格式，诸如此类的因素都可能会影响这一技术的准确性。考虑到这些已知的问题，许多辩护人认为，警察应当披露 Brady 案所提出的人脸识别软件的使用情况。如果不了解已经使用人脸识别技术的应用情况及其细节，美国的被告就不可能知道在推进调查过程中人脸识别技术的应用是否合理，或者是否侵犯了被告基于宪法第一修正案所享有的正当程序权利。

作为对人工智能应用可能导致违反正当程序之问题的回应，Steinbock 指出有若干方式可以在人工智能技术（例如数据匹配和数据挖掘）加入正当程序的考虑因素。[61] 其中一种方式是在产生否定被告的自由权或者财产权之效果前设置简易听证程序。第二种方式是在初步的数据匹配或者数据挖掘结果之后，在设置披露和赋予

[1]"宪法项目"组织现已加入"政府监督项目"（the Project On Government Oversight）组织，成为其一部分，致力于消除有关美国宪法权利和自由相关的党派分歧。参见 https://archive.constitutionproject.org/。——译者注

被告人以回应权的更充分的程序中提供纠正机会。

第三种补救的方式则是对于结果中的假阳性（false positives）[1]提供事后损害赔偿金。最后，考虑到需要对数据挖掘的决策算法保密，我们难以在单独的听证程序中处理针对它们提出的质疑，Steinbock 建议对它们的效力建立系统性的独立监督机制。[62]

就正当程序权利的讨论而言，需要考虑的一个问题是，根据第四修正案有关搜查和扣押的法理，被告是否可以成功地排除在刑事调查情形中获取和使用的"机器学习证据"。因为第四修正案优先适用于可以被特征化为搜查或者扣押的政府行为相关的正当程序诉求[63]，有的评论家认为，第四修正案的法理并不会成为在这些场景下进行数据匹配或者数据挖掘的障碍。除了《人权法案》中所列举的各项保护之外，由独立适用的（free-standing）正当程序条款[64]所提供的其他保护都是通常情况下由法院进行狭义解释，法院一直拒绝扩张其范围，特别是在认识到这么做将会妨碍各州行使执法权之时。基于上述分析，在美国，警方所采用的算法驱动的证据收集（evidence collection）程序不会被视为违反了被告的正当程序权利。

对于何为可能"让基于正当程序的理由判定对被告所作出的定罪判决无效"[65]的"不良证据"（bad evidence），法院的分析表明独立适用的正当程序是进行合理的调查以评估证据的效力。但是，一旦法院是在该原则范围内运行的，在证明存在独立适用的排除机器学习证据的正当程序权利时，被告的代理律师将会遭遇困难。为了做到这一点，被告必须证明机器学习证据"违背了某些正义原则，
这些原则在我们人民的传统的良知中具有深厚的根基，以至于应当

---

[1] 假阳性，在此处是指进行实用测试之后，测试结果有机会不呈现真正的状况。——译者注

被列为根本性原则"。[66] 在美国，一项权利之所以是基本权利，是因为它是对有秩序的自由体制而言所必需的。被告最明显的主张是，一是，作为一项门槛性的事务（threshold matter），普通法传统一直要求证据是可解释的，具备可辨识的逻辑（discernible logic），经得起检查和质疑；二是，机器学习证据并不适合这一目的，因为专家经常无法辨识机器是如何作出特定的决定的。不幸的是，被告将难以证明一项确立已久的普通法认识，即证据必须是充分可解释的。而且，即使法院承认了这样一种观点，我们也不清楚机器学习证据是否满足这一定义，因为其程序、方法、数据和假定，至少在有的情况下可以得到解释，即使我们无法揭示其确定的推理过程。

不仅如此，机器学习之类的人工智能技术，其产出将很可能以专家验证的形式引入，这意味着被告将有机会与专家就机器的能力和程序进行交叉质证。威斯康星州最高法院（the Wisconsin Supreme Court）在 Loomis 案（本书有关人权和刑法的章节中也将讨论此案）审查了一项与上述正当程序调查具有一定相似性的问题。[67] 在对于和严重事故相关的若干违法行为认罪之后，Loomis 出席量刑听证会，在确定其刑期时，威斯康星州最高法院依据的是一份由美国最流行的基于算法的风险评估工具——COMPAS 生成的报告。Loomis 对其量刑决定提出了质疑，部分理由是正当程序原则，主张他和量刑法官并不了解算法是如何运行的，也不清楚他的性别因素在多大程度上影响这一风险评估决定的作出。简而言之，他认为，这是一项"黑箱操作式的"量刑，从而违反了他所享有的基于准确信息得到量刑的正当程序权利。

威斯康星州最高法院承认，因为商业秘密的保护，无论是法院本身还是当事人都不能充分理解算法的运行，以及性别因素在多大程度上成为影响因子。但是最高法院最终判定，因为 Loomis 可以质疑该算法的输入和输出，也就是说，根据输入的数据和从算法中得出的结论，他有充分的依据质疑算法，即使他并不清楚其内部流程，因此他已经得到了正当程序的对待。至于性别因素的运用，最高法院判定性别因素的运用起到了作用，可以促进算法结论的准确性，从而是满足正当程序原则的。Loomis 案还是有启发意义的，因为威斯康星州最高法院是在评估未知的算法流程场景中的正当程序权利。即使如此，Loomis 案表明法院不愿意认定存在对于黑箱、算法证据享有新的正当程序权利。当机器学习证据被用于初审，以帮助证明定罪判决排除了合理怀疑，法院必须与 Loomis 案的判决保持一致，类似地，认定在下列情形正当程序原则得到了满足：（1）被告可以至少质疑供算法运行的数据（程序性规则和证据开始规则完全出于法院的控制之下时，可以满足这一要求；（2）算法具备某种程度上充分的准确程度，这可以在初审阶段交叉质证的道伯特（Daubert）听证会[68]上为人所知。

简而言之，本章内容——特别是在结合本书有关人权与人工智能的章节一起阅读时——表明人工智能有能力影响作为人权和社会民主之核心的基本权利；我们可以期待人工智能技术与权利有关的案件在不久的将来会更加普遍。

注释

1. C-18/18, *Glawischnig-Piesczek v. Facebook Ireland*, 2019.

2.《电子商务指令》（the E-Commerce Directive）第 15 条规定了基本原则，即欧盟成员国不能对互联网中介设定监督网民的网上言论或者行为的一般义务。

3. C-360/10, *SABAM v. Netlog NV*. See Ugo Pagallo, *Online Security and the Protection of Civil Rights*, 26 Philosophy & Technology 381（2013）.

4. Directive 2000/31/EC of the European Parliament and of the Council of 8 June 2000 discusses certain legal aspects of information society services, in particular electronic commerce, in the Internal Market("Directive on Electronic Commerce").

5. Directive 2001/29/EC of the European Parliament and of the Council of 22 May 2001 on the harmonization of certain aspects of copyright and related rights in the information society ("Copyright Directive").

6. Directive 2004/48/EC of the European Parliament and of the Council of 29 April 2004 on the enforcement of intellectual property rights ("IP Enforcement Directive").

7. Directive 95/46/EC of the European Parliament and of the Council of 24 October 1995 on the protection of individuals with regard to the processing of personal data and on the free movement of such data ("Data Protection Directive").

8. *Supra* note 4.

9. Directive 2002/58/EC of the European Parliament and of the Council of 12 July 2002 concerning the processing of personal data and the protection of privacy in the electronic communications sector(Directive on privacy and electronic communications).

10. C-70/10, *Scarlet Extended SA v. SABAM.*

11. 中间程序（Interlocutory proceedings）是指在案件的生命周期中，集中关注与初审（trial）相关的具体事项的法院听审（court hearings）活动。

12. 在服务提供商提供《电子商务指令》第12—14条所规定之服务时，成员国不应对其设定监督所传输或者存储之信息的义务，也不应设定积极寻找证明违法活动的实施和情形的一般性义务。《电子商务指令》第15条有关豁免的一般性条款如何取决于对上述条款，特别是第14条"托管"（hosting）的解释，参见 U. Pagallo and M. Durante, *The Pros and Cons of Legal Automation and its Governance*, 7 European Journal of Risk Regulation 323（2016）。例如，European Court of Justice 在2014年所谓"被遗忘权"（right to be forgotten）案件（C-131/12）中，判定搜索引擎服务提供商应当被视为欧盟数据保护立法中的数据控制者。参见 U. Pagallo and M. Durante, "Human Rights and the Right to Be Forgotten," in M. Susi(ed.), *Human Rights, Digital Society and the Law: A Research Companion*, Routledge, London and New York, 2019, p. 197。

13. John Richards, "European 'Intermediaries' May Be Forced to Take Active Measures against Trademark Infringement Committed by Third Parties," 2016, accessed 7 July 2020 at https://www.jdsupra.com/legalnews/european-intermediaries-may-be-forced-63517/.

14. Id.

15. Id.

16. See the Italian Constitutional Court's ruling no. 38 from 1973 and, along the

same lines, the ruling of the Court of Cassation no. 2199 from 1975.

17. *Nebbia v. New York*, 291 U.S. 502（1934）：纽约州政府决定对奶制品价格进行规制（制定最低零售价格）。

18. 具有讽刺性的是，创设该标准的案件是由一名"男子"提起的，质疑俄克拉荷马州法律允许女子年满 18 岁即可买酒，而男子必须年满 21 岁方可买酒。最高法院判定该法无法通过中度审查（intermediate scrutiny）。*Craig v. Boren*, 429 U.S. 190（1976）. 对于被视为与表达的关联度弱于政治性言论的特定类型的言论（例如商业性言论），也会接受中度审查。

19. *Skinner v. Oklahoma* 316 U.S. 535（1942），是联邦最高法院较早决定适合采用最严格的审查标准（严格审查）的判例。俄克拉荷马州通过了一部法律，允许对三次以上因为"道德邪恶的重罪"（felony of moral turpitude）而被定罪的人施行绝育手术。

20. T. Eastland, "How Compelling is a Compelling Government Interest？" 2019, accessed 7 July 2020 at https://www.ceousa.org/issues/1280-how-compelling-is-a-compelling-government-interest.

21. US Constitution, Amendment I.

22. Toni M. Massaro and Helen Norton, *Seriously? Free Speech Rights and Artificial Intelligence*, 110 Northwestern University Law Review 1169（2016）.

23. Id.

24. Id.

25. 马萨罗和诺顿等学者在讨论人工智能的言论权利时使用了"强人工智能"（strong AI）一词，强人工智能代表了具有与人类相似的智能和能力的一类实体。

26. See *Citizens United v. Federal Election Commission*, 558 U.S. 310（2010）.

27. Supra note 22.

28. See Massaro and Norton, *supra* note 22.

29. Id.

30. See Massaro and Norton, *supra* note 22.

31. W. Wat Hopkins, *The Supreme Court Defines the Marketplace of Ideas*, 73 Journal of Mass Communication Quarterly 40（1996）.

32. See Massaro and Norton, *supra* note 22.

33. Massaro and Norton, *supra* note 22；另可参见本书讨论人工智能的法律人格（legal personhood）的章节。

34. 人工智能通常可以划分为两大类型：弱（weak）人工智能，又称限制人工智能，专注某一特定问题或者任务领域；强人工智能，又称通用人工智能，则专注发展可以处理任何任务或者任何领域内的问题的智能。从研究者的角度来看，人工智能系统越是拥有接近于人类的能力，具备人类的智能、情绪和广泛适用的知识，该人工智能就"越为强大"。

35. See Massaro and Norton, *supra* note 22.

36. Lawrence Solum 有论文讨论了这一观点。Lawrence Solum, *Legal Personhood for Artificial Intelligences*, 70 North Carolina Law Review 1231（1992）。

37. Jane R. Bambauer, *Is Data Speech?* 66 Stanford Law Review 57（2014）。

38. Stuart M. Benjamin, *Algorithms and Speech*, 161 University of Pennsylvania Law Review 1445（2013）。

39. See Massaro and Norton, *supra* note 22.

40. Id.

41. US Constitution, Amendment IV.

42. 机器学习（Machine learning）是对借助经验积累改进知识和绩效的各种算法和系统的系统性研究。

43. *Riley v. California*, 573 U.S. 373（2014）。

44. *Carpenter v. United States*, 585 U.S.（2018）。

45. Elizabeth E. Joh, *Artificial Intelligence and Policing: Hints in the* Carpenter *Decision*, 16 Ohio State Journal of Criminal Law 281（2018）。

46. Id.

47. *State of Arkansas v. James A. Bates*, Case No. 2016-370-2（Ark. Cir.）。

48. 亚马逊为了支持其诉讼请求，援引了 *Zhang v. Baidu.com*, 10 F. Supp. 3d 433（S.D.N.Y. 2014）。在 Zhang 案中，联邦地区法院判定，"互联网搜索引擎生成的结果可以作为言论受到第一修正案的保护"。如果亚马逊 Echo 的通信构成受第一修正案保护的言论，政府要求提供该通信记录，就必须受到"更为严格的审查"。

49. Michael L. Rich, *Machine Learning, Automated Suspicion Algorithms, and the Fourth Amendment*, 164 University of Pennsylvania Law Review 871（2016）。

50. Id.

51. *Brinegar v. United States*, 338 U.S. 160, 175（1949）。

52. *Skinner v. Ry. Labor Execs. Ass'n*, 489 U.S. 602, 624（1989）。

53. *Navarette v. California*, 134 S.Ct. 1683, 1687（2014）。

54.《美国宪法》第十四修正案规定的正常当程序，可以分解为程序性正当程序（procedural due process）和实体性正当程序（substantive due process）。程序性正当程序，依据的是"基本公正"（fundamental fairness）原则，涉及的是在州的程序（state proceedings）中需要遵循何种法律程序。相关问题包括告知、听证机会、两造对抗和交叉质证、证据开示、裁判依据和委托律师代理的机会。实体性正当程序尽管同样依据的是"基本公正"原则，但是用于评估一项法律是否可以由州加以适用，无论所遵循的程序为何。实体性正当程序一般涉及具体的主题领域，例如合同自由或者隐私，随着时间的推移交替性地强调经济性事务和非经济性事务的重要性。

55. *Bolling v. Sharpe*, 347 U.S. 497（1954）.

56. 美国宪法第五修正案的反对自我归罪条款（Self-Incrimination Clause）和最高法院相关判例法理，几乎可以确定会允许公诉人要求收集嫌疑人的录音、人脸图像或者标识符（identifiers），并用于机器学习算法。简而言之，因为 *Schmerber v. California* 案判定，根据美国宪法第五修正案，只是不得强制提供"证言"，州可以强制提供可以提供算法运行的物理证据和标识符（384 US 757, 764（1966））。

57. See generally Melanie Reid, *Rethinking the Fourth Amendment in the Age of Supercomputers, Artificial Intelligence, and Robots*, 119 West Virginia Law Review 863（2017）（对于机器学习时代的第四修正案保护问题提供了全新的分析视角）。

58. *Lynch v. State of Florida*, First District Court of Appeal（No. 1D16-3290, 2018）.

59. Id.

60. *Brady v. Maryland*, 373 U.S. 83（1963）.

61. Daniel J. Steinbock, *Data Matching, Data Mining, and Due Process*, 40 Georgia Law Review 1（2005）.

62. Id.

63. 在 *Graham v. Connor* 案中，联邦最高法院判定第四修正案优先适用于认为执法官员在逮捕过程中过度使用武力的任何实体性正当程序诉求。490 U.S. 386（1989）.

64. 这一概念是指实体性正当程序权利提供的保障，独立于通常与正当程序权利存在联系的保障，并且扩张到其他领域，包括定罪之后的权利。

65. 一个是"政府诱导作出的伪证"（government-induced perjury）；另一个是"受到暗示影响的队列指认证言"（identification testimony from a suggestive lineup）。在法院看来，采纳此类证据是"基本上是不公正和违反正当程序的"。

66. 对于刑事程序的调查而言，联邦最高法院多次判定，在适用更具体的人权法案条款时，该条款就构成了正当的程序；see Jerold H. Israel, *Free-Standing Due Process and Criminal Procedure: The Supreme Court's Search for Interpretive Guidelines*, 45 St. Louis University Law Journal 303（2001）.（"通过对所整合的人权法案的具体保障施加优先适用的影响，也可以对基于独立适用的正当程序原则所施加的各种规制加以限制。"）

67. *State v. Loomis*, 881 N.W.2d 749, 754（Wis. 2016）.

68. 道伯特听证是由初审法官对专家证言和证据是否在法庭程序中具有可采性进行评估。道伯特听证发生在专家证言之效力因为专家形成意见时所采用的方法论受到质疑之时。

第四章　法律人格和人工智能

第一节　引　言

在过去几十年里，学者们已经对人工智能实体和机器人等人工行为体（artificial agents）[1]的法律地位（legal status）进行了探讨。1 但是，人工智能技术的进展已经引发人们对人工智能的权利展开了意识形态性质的辩论。例如，2017年对于机器人等人工智能引导的实体，欧洲议会通过了一项议案，其中欧盟机构呼吁欧盟委员会：

> 探索、分析和考虑所有可能的法律解决方案，……（包括）在远期为机器人创设特定的法律地位，从而让至少最为复杂的自主机器人可以被认为具有电子人格的地位，可以对他们所导致的损害负责，并且可能在对机器人作出自主决策或者与第三方独立互动的情况下对其赋予电子人格。[§59f
> of European Parliament resolution of 16 February 2017

---

[1] agent一词存在多种含义。在本书中，主要存在三种含义。第一种含义是指可以采取积极行动或者产生特定效果的事物或者人，常被译为行为体、能动体；第二种含义是在法律语境中，指获得授权可以代表另一个人或者实体行事并产生特定效果的人，常被译为代理人；第三种含义是在人工智能学科，代指将任何独立的能够思考并可以与环境交互的实体，也被译为智能体、艾真体。下文根据具体语境将agent翻译为行为体、代理人或者智能体。——译者注

with recommendations to the Commission on Civil Law Rules on Robotics 2015/2103（INL）.］

欧洲议会的观点引发了一些质疑和反对意见，其中就有 2018 年 4 月若干人工智能和机器人专家发表的公开信。正如该公开信所认为的，"无论是从技术角度来说，还是规范角度，即法律和伦理的角度来说，都不应当采纳按照欧洲议会在 2017 年的决议中所建议的做法——为自主、不可预测和自我学习的机器人创设'电子人'的法律地位"。[2]后来，2018 年 4 月 25 日，欧盟委员会发布了一份自己制定的文件，即《人工智能：促进投资和制定伦理指南的欧洲进路》（Artificial Intelligence: A European Approach to Boost Investment and Set Ethical Guidelines）。[3]值得注意的是，这份文件中并没有提及对机器人或者人工智能系统的任何人工行为体（artificial agency）或者"电子人格"（electronic personhood）。相反，2019 年 9 月，在欧盟委员会责任与新技术高级专家组新技术形成分组（HLEG on Liability and New Technology—New Technologies Formation）所发布的报告中，其结论如下：

> 专家们相信，目前没有必要对新兴数字技术赋予法律人格（legal personality）。即使是完全自主的技术所导致的损害，通常也可以化约为可归因于自然人或者已有类型的法人的风险，并且即使是在这些损害不是如此，制定新的法律将责任指向个人，也是比创设新型法律人格更好的回应。[4]

与此同时，其他法律制度、公司和机构也是引发人工智能法律人格问题的重要因素。例如，在2017年，机器人索菲亚（Sophia）率先在沙特阿拉伯成为世界上获得公民权的人工智能应用；一个月后，索菲亚被联合国开发署授予第一个"创新冠军"（Innovation Champion）荣誉，这也是联合国首次将奖项授予非人类。

在私人部门中，公司也是极为积极地在考虑人工智能实体的法律人格权问题。有些公司甚至指定人工智能机器人作为其董事会成员，例如香港风险资本企业Deep Knowledge Vital，或者指定为管理团队的正式成员，例如芬兰OMX的上市公司Tieto的Aliacia T。考虑到这些例子以及其他可能的例子，在赋予人工智能实体以人格权的问题上，我们应当保持何种立场？我们应当遵循欧洲议会2017年所通过决议的进路，并且对于机器人和人工智能系统赋予新型法律人格保持开放态度？或者，我们应当支持欧盟委员会的观点，即在当下，并没有必要创设新型的法人？或者，换个问法，我们应当采取更进步主义的立场，并且主张，正如人工智能和机器人学专家在2018年所做的那样，无论是基于伦理还是法律的理由，我们应当放弃对机器人和人工智能系统赋予任何类型的法律人格地位？

作为本章的背景，法律人格（legal personhood）是西方思想中的基础性概念，发展人工智能实体的法律人格理论将会挑战我们对法律人格本身的理解。[5] 对于人工智能的人格问题的讨论，大多数要么集中在人工智能是否需要对它们的行为负责，要么是人工智能是否可以获得与自然人或者与现在的法人类似的法律地位。人类被视为"自然人"，但是在过去，妇女不被赋予法律主体的地位，也就是正如今天的人工智能实体，它们不能拥有财产，不能订立合同，并且不能投票，或者主张隐私权、表达自由。全体人类都具有法律主体的地位，这一决定最终来说是个政治性的，它来自这样的一个观念，即政府应当将每个个人视为值得同等尊重和关怀而加以对待。

　　除了个人之外，法律还可以，也已经在将法律人格赋予其他实体，例如公司、社团、基金会，或者市和州政府。[6] 因此，私人机构和公共机构都可以具备法人的资格，如果立法机关（或者普通法上的先例）赋予其法律主体资格（legal subjectivity）。在这种情况下，它们可以实施法律行为：拥有财产、订立合同，也可以对它们所导致的损害承担私法上的责任，它们甚至可以因为刑事违法行为而被指控。[7] 需要指出的是，从术语学上看，法律主体一词既适用于自然人，也适用于法人，而法人则只适用于非自然人的法律主体。因此，法人永远需要代表，公司如果不通过法定代表的方式就无法行事。如果法人需要承担刑事责任，它显然无法实际入狱，即使可以适用其他刑罚（例如罚金、停业，或者终止组织）。

62

　　有趣的是，法律学者肖恩·拜仁（Shawn Bayern）已经论证了在美国，通过将计算机系统置于有限责任公司（limited liability corporation，缩写 LLC）的控制之下，是有可能赋予计算机系统以法律人格的。从理论上讲，这种法律策略如果得到法院的支持，人工智能系统也可以拥有财产、起诉、聘用律师和享有言论自由和其他法律规定的保障。具体的操作方式是，要赋予人工智能系统以权利，首先需要一个人设立两家有限责任公司，并将对每家公司的控制权分别交给一个独立的自主或者人工智能系统。[8] 然后，此人可以将每家有限责任公司添加作为另一家有限责任公司的成员。最后，此人可以从这两家有限责任公司退出，留下每家有限责任公司作为具有法律人格的公司实体，只接受另一家有限责任公司的人工智能实体的管理。这一流程并不要求计算机系统具备特定水平的智能或者行为能力。它可以只是带有条件语句（"if" statements）外表的序列，例如在证券市场上根据价格涨跌而作出买卖的决定。[9] 它甚至可以是随机作出决策的算法。

赋予人工智能实体以法律人格权利的另一种进路则是由加州高等法院法官柯蒂斯·卡诺（Curtis Karnow）提出的。卡诺法官建议确立一种全新类型的法律实体，他称之为"电子人"（electronic persona，缩写为 eper）。[10] 我们将这些电子人视为智能体（artificial agents）。卡诺法官的建议是建立在公司与智能体的类比基础上的。从法律上讲，公司不能等同于任何自然人。但是，我们可以将权利和义务分配给公司，公司雇员、经理、股东，或者与其有联系的其他个人都不必然共同行使权利，承担义务。欧盟的一个相关例子是，欧洲人权法院允许私人公司援引《欧洲人权和基本自由保护公约》（the European Convention for the Protection of Human Rights and Fundamental Freedoms）第 10 条的规定。该条规定保障的是"表达自由"的权利。侵犯公司的表达自由而不侵犯与其存在联系的任何自然人的表达自由，这种情形是可能出现的。

在有关赋予人工智能以人格权的辩论中，为了展示正反两方面的观点，本章将分为三部分展开论述。第二节将考察有关人工智能的法人地位的规范现状，第三节将分析"人""人格"和"法律人格"等系列概念，以便区分本章讨论的三个不同问题，亦即宪法和刑法上的完整法律人格、公司法和商法上的法律问责，以及作为法律体系中其他行为体（agents）承担责任之依据的个人或者主体的法律地位。根据这些区分，第四节强调当下辩论的优先次序。第五节简要论述美国法的规定，第六节则是本章分析的结语。

63

第二节　发展现状

我们可以将有关人工智能系统的法律人格的辩论现状区分为三种观点：一是相信此类人工智能系统可以或者本应取得法人的地位；二是对于在中期或者可见的未来接受此种方案持开放态度；三是认为我们永远都不应该接受上述两种方案。为了讨论的便利，我们将上述三种进路的支持者分配称之为相信者（the believer）、持开放立场者（the open-minded）和反对者（the iconoclast）。

2.1　人工智能法律地位的相信者

人工智能法律地位的相信者所支持的两种主要主张是：一是规范性，另一个是技术性的。对于规范性进路而言，某些学者认为赋予机器人以法律人格地位将会防止出现"围绕奴隶制的辩论"，这种辩论将"让我们回想起对往事的不愉快记忆"和"反思在日益技术化的世界中人性之作用面对的日益加剧的张力"。[11] 这一立场的规范依据是法律体系赋予人类以完整的法律人格的理由；也就是说，按照人类的道德地位（moral status），他们的内在价值（intrinsic worth）和承受能力（capability to suffer）、意识（consciousness），等等。正如斯托斯·霍尔（Storrs Hall）在《超越 AI》（*Beyond AI*）一书中所认为的，机器人可以"意识到它以单一的叙事总结其行为，并且利用该叙事所提供的信息而建立的模型衡量其将来的行动，特别是其行为将会受到赏罚机制的影响"，就此而言，"我们应当接受机器人'可以在很多方面向道德行为体（moral agent）[1] 那样行事'

---

[1] 也有翻译为道德能动者，与之相对的是道德受体（moral patient）。也有学者译为道德代理人，但是此译法值得商榷。参见姚晓娜：《"Moral Agent"是"道德代理人"吗？——一个伦理学概念辨析》，载《道德与文明》2010 年第 1 期。——译者注

的观念"。[12] 在人权宣言的传统中，对于这类主张的参考价值在多年前被概括为"机器人解放阵线（The Front of Robotic Liberation）"[13]（例如尊严）；《世界人权宣言》第 1 条和《欧洲人权公约》第 13 议定书中也有类似表述。

我们应当考虑赋予人工智能系统以法律人格的第二项理由是技术性的。在刑法领域，加布里埃尔·哈莱维（Gabriel Hallevy）是这一立场的最坚定支持者。在他看来，人工智能技术"有能力满足刑法上的意识要求"，例如"对于故意犯罪和过失犯罪的心理要件"。[14] 这意味着机器人和人工智能系统可以作为犯罪行为的直接实施者而承担责任，或者基于严格责任原则而对其过失犯罪负责。[15] 一旦对诸如机器人等人工智能实体而言，刑法上的心理要件要求可以被满足，那么就不存在明显的理由认为刑罚和量刑的一般目的，即报应与威慑（retribution and deterrence），复归社会与剥夺犯罪能力（rehabilitation and incapacitation），以至于死刑，不能适用于以人工智能为基础的机器。[16] 但是，本节所讨论的概念性演练（conceptual exercise）也可以按照另外一种方式进行。在哈列维看来，应当将失去自我控制（loss of self-control）、精神错乱（insanity）、醉态（intoxication）[1] 等一般性抗辩理由加以扩张，以便不仅保护人类，而且保护机器人和人工智能系统。

2.2 赋予人工智能人格权的开放立场

与人工智能的人格问题相关的另一项流行的观点是学者不能基于概念性的理由，预先排除人工智能实体应当被赋予法律人格地位

---

[1] 醉态，是指因饮用酒精饮料或服用药物而使人在一定时间内减弱甚至丧失辨认或控制能力。——译者注

的可能性。法学教授劳伦斯·索伦（Lawrence Solum）在其名篇，即 1992 年发表的《人工智能的法律人格》（Legal Personhood for Artificial Intelligences）中，考察了承认智能体或者人工智能的权利的三种可能反对意见，亦即"人工智能不是人类"（AIs Are Not Human）[17]、"人工智能还不完善"（Missing-Something Argument）[18] 和"人工智能应属于物"（AIs Ought to Be Property）[19]。值得注意的是，在索伦看来，这三种观点没有一个能够为拒绝赋予人工智能实体的人格地位提供有效的法律理由或者充分的概念性动因（conceptual motives）。法律制度应当有权根据理性选择和实证证据而非迷信或者特权，赋予人工智能实体以人格。正如索伦所讨论赋予人工智能实体以法律人格时所指出的，"我实在不知道如何提供只依赖先验来证明的（a priori）或者概念性的主张而得出的答案"。[20]

在需要纳入考虑范围的各种理性选择和实证证据之中，我们可以考虑一下人类和人工智能系统的多项行为累积，可能会导致有罪不罚（impunity）、缺乏问责和其他各种法律漏洞（legal loopholes）。相应地，人工智能和机器人的法律人格更多地涉及如何预防有罪不罚和缺乏问责等情形，而非如今的法律为何应当赋予人工智能实体以完整的法律人格的道德理由。[21] "人类与人工智能系统之间互动的复杂性可能会让我们极其难以确定，作为确定个人责任的基础，自然实体或者人工实体的信息内容（information content）实际或者应当是什么。"[22] 这些分布式的责任情形导致某些法律制度通过规定新型刑事责任进行自我修正。在普通法传统中，集体知识原则、可归责的公司文化或者被动式的公司过错原则是确定公司可受责难性及其自主的刑事责任的几种方式。

但是，一旦我们能够接受机器人和人工智能系统具有某种形式的法律人格的地位，那么赋予人工智能以人格权利的开放态度就可能会产生两个问题。一个问题是我们应该赋予人工智能以何种类型的人格。哈莱维认为可以赋予人工智能实体以某种形式的刑事责任能力，这一选项所涉及的开放立场是将机器人和人工智能系统设想为和我们对待公司时一样。[23] 但是，不同法域下对于公司所赋予的法律人格地位在程度上差异非常明显。例如，与赋予公司以人格的美国立场相反，大多数的欧盟公司并不享有独立的隐私权或者政治权利[24]；与普通法法系的传统不同，在民法法系传统中，不能要求公司承担刑事责任。[25] 此外，我们需要考虑到，公司的法律地位并不是我们可以在商业场景或者根据合同法赋予人工智能以法人地位的唯一方式。上文提及的公开信"人工智能和机器人专家"建议区分"法律实体模式"（Legal Entity model）和盎格鲁萨克森信托模式（Anglo-Saxon Trust model）。而且，我们可以考虑采用其他形式的法律人格，例如人工智能体的登记簿，或者特有产（peculium）这一古代罗马法上的法律机制的现代形式，亦即户主赋予奴隶或者家子（son-in-power）（此处为人工智能实体）以一定数额的金钱或者财产。[26]

赋予人工智能以人格持开放心态的立场，其第二项问题涉及的是，一旦将人工智能的人格引入法律领域，法律人格这一观念将会如何变化。甚至索伦也承认，"考虑到生命形式的这一变化，我们原有的关于人（person）的概念可能也会发生变化，以至于人类（human）和人（person）之间存在明显的区分"。[27] 更为晚近的是，其他人警告称，"新型实体形成某种自我意识，变得能够实施有意识的行为，这一实证调查结论是合理的，只要我们记得此类实体的出现很可能将要求我们重新思考意识、自我意识和道德行为体等概念"。[28] 通过考虑人工智能的新法律人格可能会如何影响现有的人和道德行为体等概念，风险在于，说到底，没人知道这一情景将会如何发展。

2.3 赋予人工智能以人格权的反对者立场

反对者可以分为两类人群。第一类的代表是上文提及的高级专家组就责任和新技术形成所作的报告："专家们认为目前尚无必要对新兴数字技术适用法律人格。"这一观点当然可以与开放立场的某些主张存在密切联系，亦即理性选择和实证证据应当在赋予人工智能实体以法律人格的场景中发挥的作用。用高级专家组的话来说，"新增引入此类人格，只有在它能够帮助法律制度应对新兴数字技术的挑战时候才是有意义的"。与开放的立场相反，这些反对论者并没有看到为什么人工智能当下的挑战可能会影响现有的法人类型，或者为什么针对个人适用的新法不可能解决此类挑战。对于人工智能的法律人格是否会带来的问题多过解决方案，证明责任属于开放立场，而非反对者的观点。[29]

第二类反对者采纳的是规范性立场，他们认为，我们永远都不应该接受对人工智能适用任何类型的法律人格，因为"对（人工智能）机器人赋予电子人格，存在让道德责任、因果问责及其错误和滥用之法律责任被错置的风险"。[30] 有的学者认为，将人权模式扩张适用于人工智能体，"将会与《欧盟基本权利宪章》和《欧洲人权和基本自由保护公约》存在矛盾"。[31] 尽管我们可以将人工智能的法律人格限定于人权模式（human rights model）的某些方面，例如公司解决方案，但是即使是更严格的法律地位也会引发滑坡效应[32]；或者，它可能成为让人类逃避行为后果的手段。[33] 人工智能系统的行为和决定所引发的损害赔偿金不能归结于硅谷的技术企业，因为在这些情况下只有人工智能系统需要负责。易言之，我们应当设想会出现机器人破产（robot insolvency），或者更一般性的人工智能系统"侵犯人类法律权利而无法对其问责"的情形。[34] 传统的法定惩罚性制裁，例如对刑事破产（criminal insolvency）处以监禁，将是不可行、不能令人满意或者无效的。其结果是，人工智能实体的故障或者操纵行为导致人类的不法行为（wrongdoing），如果没有得到正确地发现和恢复，可能会使得人类难以系统性地诉诸人工智能体。考虑到这一点，我们有必要再想一想我们真的需要赋予人工智能以法人地位吗？

第三节 概念的解析

对于人工智能之法律人格的辩论，产生误解的主要源头是"人"（persona）存在一词多义。例如，我们可以将人工智能视为自然人或者拟制人（artificial person），在这一点上，有的时候公司和研究所（institutions）本身具有（宪法上的）权利和义务。无论自然法传统和法律实证主义之间存在哪些关键性的差别，我们可以在文献中找到法人的定义，在霍布斯（Thomas Hobbes）的专著《利维坦》（Leviathan）第16章中对此有表述，其源头可以追溯至13世纪和14世纪的教会法（canon law）学者所讨论的思想。[35] 霍布斯所下定义的延伸自然是享有权利而非义务的人，例如未成年人和重度精神疾病患者，他们不能被剥夺法律人格，尽管其情绪和智识上存在不成熟或者细微的残疾（particulate disability）问题。另一些具有争议性的例子发生在当代，新西兰赋予旺格努伊河和尤瑞瓦拉国家公园以法律人格；印度赋予恒河和亚穆纳河以法律人格，厄瓜多尔赋予整个生态系统以"宪法权利"，以及沙特阿拉伯赋予机器

69

人索菲亚以公民权。[36]

另外，人工智能的法律人格可能是建立在合同法和商法等民商法领域而非刑法上对特定行为体的可问责性基础之上的。对于公司来说，这两个概念存在部分重叠之处。但是，法定代理人不享有独立的法律人格，这样的例子在历史上比比皆是。古代罗马法对待奴隶的例子便是例子。尽管大多数奴隶当然无权针对其主人提出请求权，"有的奴隶享有明显的自主地位。奴隶中的精英，例如皇帝的奴隶，是不动产的管理人、银行家和商人，承担着作为公务员的重要工作，或者订立有约束力的合同，管理和利用财产为主要的家族事务（family business）服务"。[37] 因此，古罗马实行的特有产之法律机制正是罗马人试图在以下两类人之间达成平衡：一类是不应当被其奴隶们的决定而"毁掉"的个人；另一类是与奴隶缔约，在与他们进行商业交易时应当得到保护的对方当事人。

欧盟在过去几十年里都是本身并不具有法律人格的法律机构[38]，除此之外，还存在与公司法相关的行为体（agenthood）和人格（personhood）之间的关键性差别，例如人工智能是否可以成为董事会的成员。正如上文2.2节中所提到的，对人工智能机器人进行登记，从而结束公司的问题，这是法律学者当下关心的话题。[39] 不仅如此，正如其他学者所主张的，"现有的法律可能为自主系统提供了意想不到的规制框架"。[40] 根据这一观点，我们不应该修改法律，从而某些人工智能实体可以"栖息"在公司内部，作为该公司的法定代理人，享受权利和义务，但是并不具有进一步的法律人格（例如宪法权利）。

70

在这个框架内，我们可能会想知道，考虑到如上一节中所讨论的内容，对于相信者、持开放态度者和反对者这三类人群来说，在法律人格的多种含义中，究竟哪一种在发挥作用。总的来说，我们有理由认为大多数的持相信态度的人群会选择采用法律人格的第一种定义。持开放态度者则会以法律行为体（legal agent）的第二种定义补充，有时混同于法律人格的第一种定义。持反对意见者主张我们永远都不应该接受任何类型的人工智能法律行为体（AI legal agency）或者对这一事务的人格（personality for that matter）时，法律行为体与法律人格之间的混淆更会加剧。持反对意见者可以有三种不同方式论证这一结论的正当性，亦即原因有三：（1）他们不能接受索伦（Solum）对于"人工智能不是人（AIs Are Not Human）"和"人工智能不完整论（Missing-Something Argument）"[41]；（2）他们相信人工智能的法律行为体定位基本上属于保护产业的法律策略[42]；或者（3）对人工智能赋予不同的法律行为体形式，并不足以应对在某些方面无法对其问责的人工智能行为体。[43]

第四节　人和各类行为体

我们将继续分析上述的几种立场，但是，我们尚不能对我们称之为热忱相信者、反对者所提出的各种诉求明确就人工智能的法律人格采取正式的立场。对于热忱相信者来说，他们主张对人工智能赋予法律人格，今天的人工智能系统所体现的自主程度、自我意识（self-consciousness）和有意性（intentionality），可能并不足以让我们对其赋予充分的法律人格权。这并不等于认定这些水平的人工智能系统并不足以在其他领域产生相关的效果，例如某些人工智能实体在合同法和商法领域作为可问责的行为体之法律地位。但是，我们的主要主张之一是我们应当在代理法（行为体法）和法律人格之间进行明确的区分。尽管这些概念可能会经常存在重叠，罗马奴隶、欧盟的例子或者公司法的某些方面表明，这种重叠不仅毫无必要，而且可能会导致在形成人工智能法律的过程中产生概念上的混淆。

考虑到反对者对人工智能之法律人格的立场，除了法律人格和法律行为体（legal agency）的讨论之外，我们还可以考虑法律主体发现自己面对法律时的第三种情形，即人工智能可以是该系统中其他行为体负责的渊源。因此，迄今为止，法律已经为其他主体的行为规定了多个层次的责任，例如不同形式的严格责任、代位责任、过错责任，等等。但是，正如高级专家组有关人工智能和新兴数字技术之责任的报告所显示的[44]，传统的法律责任分配工具可能不足以应对人类与人工智能互动的复杂性和分布式责任（cases of distributed responsibility）的情形。[45] 这些情景可能最终导致法律体系存在不一致性或者漏洞，以及有罪不罚的情形。不仅如此，根据反对者的假定，例如让人工智能实体接受问责，其权重要高于"人工智能的法律人格可能保护的高度危险的道德利益"[46]，人工智能的法律行为体和可问责性可以帮助法律人应对人工智能技术所带来的某些迫切性的挑战。[47] 机器人和人工智能系统侵犯权利而无法对其问责的情景成为一项现实的关切：他们的法律行为体，例如人工智能系统所确立的不同类型的权利和义务，可能成为处理本来棘手的法律因果、过错或者缺陷，以及在多个侵权人之间寻求救济的一种合适的方法。这一目标不应该只是创设一个让企业和个人逃避责任的盾牌，而是预防法律体系出现矛盾、漏洞和有罪不罚的情形。

人工智能系统存在的无法对侵权人进行问责的问题，例如人工智能失去偿债能力，已经成为学者们和相关机构在过去数年里首要关切的问题。[48] 有的学者提出建立人工行为体（artificial agents）的登记簿制度[49]，其他学者则赋予人工智能系统以资本（capital）[50]，或者实现人工智能实体的财务状况透明化。[51] 这些保持人工智能可问责性的建议引发的不是原则问题，而是经验问题。值得一提的是，在过去15年日本政府设立的机器人经验测试和开发的众多特区之中，2011年在筑波设立的特区是为了理解如何整合人工智能安全治理和税收监管。[52] 反传统者（Iconoclasts）和反对者（naysayers）会认为，不同形式的法律实验，例如授予人工智能以不同形式的法定行为体（legal agenthood）资格和问责形式，即使是最严格的，也会引发滑坡效应。但是，在我们看来，这种意见是法律人格（personhood）和法定代理概念混淆的副产品。

古罗马的奴隶、1970年代和1980年代的欧共体外交官，或者今天的公司董事会成员，在作为可被问责的法律行为体和作为拥有自己权利的自然人之间都有着明确的界限。在讨论可被问责的人工行为体的不同形式的行为体资格时，这种形式的法定代理决不包含行为体的法律人格，就像古罗马奴隶、欧共体外交官和董事会成员的代理并没有充分体现他们的法律人格一样。滑坡效应的倡导者声称，一旦人工智能系统享有某种形式的依赖性或受限制的法律地位，这些形式的法律行为体资格，例如合同法上的行为体是为他人利益行事，将基本上与独立的法律人格的不同形式交织在一起。[53] 然而，考虑到反传统者（iconoclast）的立场，本章提供了几个法律史上的例子，这些例子对滑坡效应提出了质疑；考虑到相信者的观点，我们认为，法律制度可以赋予行为体完全的法人资格，而不管他们的道德地位、内在价值和承受能力、意识等如何。缺乏此类属性解释了为什么机器人索菲亚在2017年获得的公民身份以及同年

"她"获得的联合国创新冠军头衔（Innovation Champion）似乎与当前的法律原则不符。

第五节　美国法的考察

根据《美国宪法》，正当程序条款规定各州不得未经正当法律程序剥夺任何"人"的"生命、自由和财产"。第十四修正案的制定者们起草时使用的"人"一词仅指自然人，还是以该词取代"公民"试图保护公司免受各州立法的压迫，相关的历史争议众说纷纭。早在1877年的Granger案中，最高法院就支持了一些州的立法而没有就公司是否可以提出正当程序相关的诉求提出任何问题。[54]不仅如此，也没有人怀疑未经正当法律程序，不得剥夺公司的财产。尽管各种判决认为第十四修正案所保障的"自由"是自然人而非法人的自由，不仅如此，一家报业公司在1936年反对州法剥夺其出版自由（liberty of the press），成功得到法院的支持。[55]

第六节　结　语

我们在上文和第三章讨论了人工智能可以哪些方式影响宪法的信条：人工智能有能力影响属于人权和社会民主制度核心的基本权利。但是，这并不意味着人工智能应当享有基本上与宪法相关的法律地位，亦即赋予人工智能实体以享有宪法权利和承担宪法义务的具有充分法律人格的地位。本章的目的在于强调下列三者之间的差别：（1）法律人格；（2）难以问责的行为体；（3）人工智能作为该系统中其他行为人承担责任的源头，以便更好地理解人工智能是否以及在多大程度上具有新的法律地位。

表 4.1 法律面前的人工智能机器人的行为

负责任的人工智能机器人	豁免	严格责任	非正当的损害赔偿（Unjust Damages）
作为法律人格	I-1	SL-1	UD-1
作为可被问责的行为体	I-2	SL-2	UD-2
作为损害的根源	I-3	SL-3	UD-3

对于行为体面对法律责任（legal responsibility）的不同情形，我们应当进一步区分为下列类型：（1）豁免条款，例如合法性原则；（2）严格责任的条件，正如适用无过错责任时；（3）以过错为条件适用损害赔偿责任的情形，例如故意侵权。表 4.1 归纳了这些区分。

相信应当赋予人工智能以法律人格者将其大多数的研究聚焦于 I-1、SL-1 和 UD-1。持开放态度者关注的是 I-2、SL-2 和 UD-2 的理性选择和实证证据。反对者关注的是 I-3、SL-3 和 UD-3，也就是说，人工智能是损害的源头，也是对他人的行为承担新型责任的原因。严格来说，I-3、SL-3 和 UD-3 与我们现在所讨论的人工智能的法律人格并不相关：讨论的焦点毋宁在于人工智能可以何种方式影响在宪法、合同法、数据保护法、公司法、侵权法等领域的人类责任。这些是本书其他章节所要讨论的各类问题，讨论宪法和合同法等法律的现行规定是否可以合理解决人工智能的法律挑战。当然，本章讨论的问题是不同的；也就是说，是否需要修改法律，创设针对个人的新法律规范，或者是否有必要赋予人工智能以新的法律地位。无论是相信者还是反对者，都已经吸引人们注意到对 I-1、SL-1 和 UD-1 制定新的法律规范的法律正当性。以人工智能和其他人工行为体的法律人格为焦点的概念性练习，如果运用得当，对于人工智能之法律权利的未来工作是有建设意义的。

从法律观点看来，对于新兴的人工智能实体创设新的法律地位，在未来几年里将会越来越多涉及 I-2、SL-2 和 UD-2 等几种假设。根据反对者的立场，我们事实上是在与行为体而非人类打交道，不仅如此，根据相信者的立场，此类行为体可能有时会拥有自己的权利和义务。在古罗马帝国的奴隶，欧共体的外交官和现代的公司董事会成员之后，人工智能应当拥有何种类型的权利和义务，这是持开放态度者，亦即建议赋予人工智能实体以某种人格权的群体，必须解决的问题。

注释

1. See for example，L.B. Solum，*Legal Personhood for Artificial Intelligence*，70 North Carolina Law Review 1231（1992）；and C.E.A. Karnow，*Liability for Distributed Artificial Intelligence*，11 Berkeley Technology Law Journal 147（1996）.

2. 这封公开信的相关讨论，参见 U. Pagallo，*Apples, Oranges, Robots: Four Misunderstandings in Today's Debate on the Legal Status of AI Systems*，376 Philosophical Transactions of the Royal Society A: Mathematical，Physical and Engineering Sciences 20180168（2018）。（公开信全文见 http://www.robotics-openletter.eu/。——译者注）

3. See European Commission，2019，Doc. IP/18/3362.

4. HLEG，*Liability for Artificial Intelligence and Other Emerging Technologies*，September 2019，accessed 10 July 2020 at https://ec.europa.eu/transparency/regexpert/index.cfm?do=groupDetail.groupMeetingDoc&docid=36608. 但是，高级专家组（HLEG）承认，"公司法的未来发展"可能意味着未来出现"新型法人"（new category of legal person）。我们会在本章中继续讨论这一问题。

5. Visa Kurki，*A Theory of Legal Personhood*，Oxford University Press，Oxford 2019.

6. Peter A. French，*The Corporation as a Moral Person*，16 American Philosophical Quarterly 207（1979）.

7. Celia Wells，*Corporations and Criminal Responsibility*，2nd ed.，Oxford Monographs on Criminal Law and Justice，Oxford University Press，Oxford，New York，USA 2001.

8. Shawn J. Bayern，*The Implications of Modern Business-Entity Law for the*

Regulation of Autonomous Systems, 19 Stanford Technology Law Review 93（2015）.

9. Id.

10. Curtis E.A. Karnow, *The Encrypted Self: Fleshing out the Rights of Electronic Personalities*, 13 Journal of Computer and Information Law 1（1994）.

11. S. Chopra and L.F. White, *A Legal Theory for Autonomous Artificial Agents*, University of Michigan Press, Ann Arbor 2011, p. 186.

12. S. Hall, *Beyond AI: Creating the Conscience of the Machine*, Prometheus, New York, USA 2007, p. 348.

13. See U. Pagallo, *The Laws of Robots: Crimes, Contracts, and Torts*, Springer, Dordrecht 2013.

14. G. Hallevy, *Liability for Crimes Involving Artificial Intelligence Systems*, Springer, Dordrecht 2015, pp. 91 and 99.

15. Id, pp. 119 and 135.

16. Id, ch. 6.

17. L.B. Solum, *Legal Personhood for Artificial Intelligence*, supra note 1, pp. 1258–1262.

18. Id, pp. 1262–1276.

19. Id, pp. 1276–1279.

20. Id, p. 1264.

21. See U. Pagallo, *Apples, Oranges, Robots*, supra note 2.

22. Id, p. 9.

23. 人工智能"正如公司一样"，这一思想事实上在学者中间颇为流行。例可参见 C.E.A. Karnow, *Liability for Distributed Artificial Intelligence*, supra note 1; J.-F. Lerouge, *The Use of Electronic Agents Questioned under Contractual Law: Suggested Solutions on a European and American Level*, 18 John Marshall Journal of Computer and Information Law 403（2000）; E.M. Weitzenboeck, *Electronic Agents and the Formation of Contracts*, 9 International Journal of Law and Information Technology 204（2001）。

24. See U. Pagallo, "AI and Bad Robots: The Criminology of Automation," in M.R. McGuire and T.J. Holt（eds）, *The Routledge Handbook of Technology, Crime and Justice*, Routledge, London and New York, USA 2017, p. 643.

25. See U. Pagallo and S. Quattrocolo, "The Impact of AI on Criminal Law, and its Twofold Procedures," in W. Barfield and U. Pagallo（eds）, *The Research Handbook of the Law of Artificial Intelligence*, Edward Elgar Publishing, Cheltenham, UK and Northampton, MA, USA 2019.

26. See U. Pagallo, *The Laws of Robots*, supra note 13, p. 104.

27. See L.B. Solum, *Legal Personhood for Artificial Intelligence*, supra note 1,

p. 1268.

28. See M. Hildebrandt, B.-J. Koops and D.-O. Jaquet-Chiffelle, *Bridging the Accountability Gap: Rights for New Entities in the Information Society?* 11 Minnesota Journal of Law, Science and Technology 558 (2010).

29. See B.A. Koch, "Product Liability 2.0: Mere Update or New Version?" in S. Lohsse, R. Schulze and D. Staudenmayer (eds), *Liability for Artificial Intelligence and the Internet of Things*, Springer, Dordrecht 2019, p. 115.

30. L. Floridi and M.R. Taddeo, *Romans Would Have Denied Robots Legal Personhood*, 557 Nature 309 (2018).

31. 这是上文提及的人工智能与机器人专家(Artificial Intelligence and Robotics Experts)在其2018年4月的公开信中阐述的观点。参见本章引言。

32. Id.(滑坡效应,是指如果一件坏事情或问题一旦开始,就很可能变得越来越糟糕,如果不加以制止,就愈演愈烈,后果不堪设想。——译者注)

33. See J.J. Bryson, M.E. Diamantis, and T.D. Grant, *Of, For, and By the People: The Legal Lacuna of Synthetic Persons*, 23 Artificial Intelligence and Law 273 (2017).

34. Id, at 285.

35. 值得注意的是,Bartolus de Saxoferrato(1313—1357)在其专著 *Commentary on Digestum Novum* 中宣称,法人,例如修道院(monastery)并不是真实的个人,而是拟制的个人,"以真理的名义存在"(stands in the name of the truth)。See B. de Saxoferrato(ed.)*Commentaria*, Tommaso Diplovatazio, Il Cigno, Rome 1996, pp. 19, 48. 几个世纪后,伟大的罗马法学者萨维尼(Friedrich August von Savigny)更清晰地阐述了后面这种观点。他在《现代罗马法体系》(*System of the Modern Roman Law* (1840—1849))中认为,只有人类拥有独立的权利和义务,并且法律依然有权将此类人格权赋予任何事物,将其称为修道院或者公司、政府或者海商法上的船舶。See F. von Savigny(ed.), *System of the Modern Roman Law*, W. Holloway, Hyperion, Westport 1979.

36. See U. Pagallo, *Vital, Sophia, and Co.: The Quest for the Legal Personhood of Robots*, 9 Information, 230 (2018).

37. See U. Pagallo, *The Laws of Robots*, *supra* note 13, pp. 102–103.

38. 顺带提一下,美国总统特朗普(Donald Trump)似乎也持这一看法。

39. See *supra* note 23.

40. S. Bayern, T. Burri, T.D. Grant, D.M. Häusermann, F. Möslein, and R. Williams, *Company Law and Autonomous Systems: A Blueprint for Lawyers, Entrepreneurs, and Regulators*, 9 Hastings Science, Technology and Law Journal 135 (2017).

41. See L.B. Solum, *Legal Personhood for Artificial Intelligence*, supra note 1,

p. 1258 ff.

42. See for example, J.J. Bryson, M.E. Diamantis, and T.D. Grant, *Of, For, and by the People*, supra note 33.

43. Id.

44. 参见本书导论和第六章"侵权法"的讨论。

45. See the discussion above in Section 2.2. 用 Curtis Karnow 的话来说，我们可以认为人工智能行为体分解了传统的因果分析。See C.E.A. Karnow, "*Liability for Distributed Artificial Intelligence*," supra note 1.

46. See J.J. Bryson, M.E. Diamantis, and T.D. Grant, "*Of, For, and by the People*," supra note 33.

47. 值得注意的是意大利前数据保护局主席 Franco Pizzetti 的观点，他认为，根据《通用数据保护条例》第 28 条，考虑到数据处理的复杂性，人工智能系统可以被视为"数据处理器"。See F. Pizzetti, *Intelligenza artificiale, protezione dei dati e regolazione*, Giappichelli, Torino 2018, pp. 124 and 173. Further examples in U. Pagallo, "*Apples, Oranges, Robots*," supra note 2.

48. According to J.J. Bryson, M.E. Diamantis, and T.D. Grant, "*Of, For, and by the People*," supra note 33, p. 288: "资金流出账户和流入账户一样容易；一旦账户资金被用完，该机器人实际上将无法因侵犯人权而承担责任。" See also B.A. Koch, "*Product Liability 2.0*," supra note 29.

49. See C.E.A. Karnow, "*Liability for Distributed Artificial Intelligence*," supra note 1.

50. See A.J. Bellia, *Contracting with Electronic Agents*, 50 Emory Law Journal 1047（2011）.

51. See G. Sartor, *Cognitive Automata and the Law: Electronic Contracting and the Intentionality of Software Agents*, 17 Artificial Intelligence and Law 253（2009）.

52. See U. Pagallo, "From Automation to Autonomous Systems: A Legal Phenomenology with Problems of Accountability," in Carles Sierra（ed.）, *International Joint Conferences on Artificial Intelligence Organization (IJCAI-17)*, International Joint Conferences on Artificial Intelligence（IJCAI）, Melbourne, 2017, pp. 17–23.

53. See S. Chopra and L.F. White, *A Legal Theory for Autonomous Artificial Agents*, supra note 11.

54. *Munn v. Illinois*, 94 U.S. 113（1876）; *Wabash, St. Louis & Pacific Railway Company v. Illinois*, 118 U.S. 557（1886）.

55. *Grosjean v. American Press* Co., 297 U.S. 233（1936）.（出版自由是指本着良好动机和正当目的，将事实、观点印制和发表的权利。出版自由为美国宪法第一条修正案所保障。印制自由无须事先审查许可，但法律后果自负。——译者注）

第五章 数据保护问题

第一节 引 言

数据保护领域的分析有助于阐释人工智能相关的法律挑战，主要理由有二。第一，我们发现，人工智能的"数据投喂"（data feeding）或者数据处理，其中包含的个人数据往往是由算法收集的。2016年欧盟《通用数据保护条例》第4（1）条，对个人数据作了内容很广的定义，包括姓名、身份证号（ID numbers）、位置数据（location data）、网络身份标识（online identifiers），或者"涉及自然人的一个或多个具体到物理、生理、遗传、心理、经济、社会、文化或社会身份的因素"。根据欧盟法院在 Breyer v. Deutschland 案中的判决，甚至 IP 地址也可以在"特定情况下"被视为个人数据。[1] 上列名单是人工智能所处理个人数据的代表，受《通用数据保护条例》的调整。

第二，欧盟法，主要是《通用数据保护条例》作了（几乎）全面的规定，为全世界众多法律体系提供了参考点（reference point）。[2] 例如，在2019年，欧盟委员会通过了对日本个人数据保护的充分性决定，承认双方的个人数据保护制度是相当的，因而让欧盟和日本之间形成世界上最大的"安全数据流动"。《通用数据保护条例》与数据保护的相关条款是第45条，和《日本个人信息保护法》（APPI）第6条之间存在共同基础，即《OECD 隐私规则》所记载的全球性标准。欧盟和韩国也正在进行类似谈判。

根据《通用数据保护条例》的规定，我们可以评估有关人工智能生成之数据的保护有关的法律体系之间的差别，欧盟和美国的隐私立法之间的差别便是例子之一。自从 1995 年《数据保护指令》以来，欧盟已经对数据保护采用了一般性和技术中立的进路，而美国隐私立法的进路则是区分部门和场景的，例如《1984年有线通信政策法》(the Cable Communications Policy Act of 1984)、《1986 年电信隐私法》(the Electronic Communications Privacy Act of 1986)、《1996 年医疗保险可携带性和问责法》(the Health Insurance Portability and Accountability Act（HIPPA）of 1996)、《1998 年身份盗用和假冒吓阻法》(the Identity Theft and Assumption Deterrence Act of 1998)、《2003 年反垃圾邮件法》(the CAN-SPAM Act of 2003)、《2004 年视频偷窥预防法》(the Video Voyeurism Prevention Act of 2004)、《2009 年健康信息技术促进经济和临床健康法》(the Health Information Technology for Clinical and Economic Health or HITECH Act of 2009)。不仅如此，与美国数据保护所采取的"准财产进路"相反，欧盟将数据保护视为个人的人格权。这种差别体现了——特别是在私人部门中——美国法所采取的自我规制和自下而上的进路区别于欧盟法上的自上而下的进路（即使我们将《通用数据保护条例》第 5（2）条所规定的问责原则视为合作规制的一种形式）的原因。[3]

数据保护法的另一相关的区分是概念性的，涉及隐私概念与数据保护概念之间的关系。尽管它们的法律保护常常存在重叠之处，但是这并不是必然的。《欧盟基本权利宪章》分别规定了隐私权（right to privacy，第 7 条）和数据保护的权利（the right to data protection，第 8 条）。隐私当然是个复杂、众说纷纭的法律概念，包括保护个人的身体、空间、财产和通信，以及保护个人在智识、决定、结社和行为等多个维度上的自我发展。[4]

我们可以援引汉娜·阿伦特（Hannah Arendt）有关个人模糊性（individual opaqueness）的观点来总结隐私的多个维度。[5] 根据阿伦特的观点，个人数据的保护绝大部分是围绕着数据之收集、处理和利用的透明度。不仅如此，隐私的保护可以完全不涉及数据处理，例如，为了避免"非意愿的名气"或者"错误的曝光"（false light）而提供的保护，以及保护个人与数据收集相关的权利达到保护数据本身的目的。因此，数据可以得到保护，而不管数据保护相关的是何种损害、偏见或者隐私问题。后者代表了欧盟最高法院（the EU Court of Justice，缩写 CJEU）在具有盛名（或者恶名的）Google v. AEPD 案的观点［C-131/12，该判决 § 99 讨论了所谓的"被遗忘权"（right to be forgotten）］。本章将主要讨论欧盟的数据保护立法，部分讨论美国在隐私权方面的立场。欧盟有关隐私权的规定将在本书第七章有关刑法问题的讨论中涉及。

第二节 《通用数据保护条例》遭遇人工智能

自 20 世纪 90 年代初期制定以来，欧盟数据保护法一直关注个人数据之收集、处理和利用的透明度；与法律和人工智能相关的所有因素。根据欧盟法律，个人有权了解其数据的处理目的，有权访问其数据，并在必要时要求纠正数据存在的错误。根据《欧盟基本权利宪章》第 8（2）条的表述，"此类数据必须在相关个人的同意或者法律规定的某些合法依据的基础上……得到公正的处理"。通过最终性、最小化、时间限制、数据质量的原则，以及对数据的可控性和保密性要求，对数据提供的上述保护，目的是限制信息的流动以便明确区分个人和社会、保护德国宪法法院提出的"信息自决权"〔informational self-determination，依据是 1983 年判决的"人口普查案判决"（Volkszählungs-Urteil）〕。此外，获取个人信息的权利（informationelle selbstbestimmung）包括：确定是否可以收集个人数据并最终传输给他人的权利；决定如何使用和处理数据的权利；访问数据的权利；在必要时使数据保持最新；最后，随时删除数据并拒绝允许他人处理数据的权利。

《通用数据保护条例》第二章和第三章所规定的个人权利，与第四章规定的数据处理者和数据控制者的一般义务相辅相成。连同 79 与信息隐私相关的义务，例如保存数据处理活动的记录、采取安全保障措施和与数据主体沟通个人数据泄露情况，数据控制者负有一般义务以实施适当的技术和组织措施，以确保并能够展示信息处理是按照《通用数据保护条例》的规定进行的（根据其第 24（1）条）。至少在某些情况下，这些要求是由第 37（1）条规定，并由数据保护官进行评估的。根据《欧盟基本权利宪章》第 8（3）条的规定，遵守上述规则的情况接受《通用数据保护条例》第六章所设立的独立监管机构的监管，受其权力的约束。

在欧盟数据保护法的背景下，我们可能会问，《通用数据保护条例》的哪些具体规定将会受到人工智能系统的挑战。我们认为，这一讨论应当围绕五个问题展开。其中两个涉及《通用数据保护条例》规定的最终性和最小化原则。还有两个问题涉及数据自动化处理的规则以及设计数据保护（data protection by design）、默认数据保护（data protection by default）的规定。最后一个问题是，在某些情况下，谁应当被视为数据控制者。魔鬼存在于法律的细节之中，因此我们将对上述问题进行逐一分析。

2.1 最终性

《通用数据保护条例》第 5（1）（b）条规定，"应当为了特定、明确和合法的目的而收集个人数据，不得以违反上述目的的方式进一步处理个人数据"。无论是否需要数据主体的同意，根据第 6（1）条的规定，处理个人数据的理由应当清晰透明（有时称为人工智能透明或算法透明）。此外，《通用数据保护条例》的目标是对此前欧盟指令的规定进行更新以适应时代发展，例如，大多数在线服务的条款和条件极其复杂、形同迷宫或根本无法理解：PayPal 的服务条款一度长达 36275 个单词（莎士比亚的《哈姆雷特》是 30066 个单词）。但是，根据《通用数据保护条例》，数据控制者可以确定他们打算收集和处理个人数据的目的。尽管他们可以——而且应该——以一种可理解的方式明确这些目的，"他们有很大的回旋余地。例如，对于智能家居助理，收集语音数据的目的之一是可以提高对设备所有者语音的识别能力"。[6]

2.2 最小化

一旦个人数据被（通过人工智能的方式）合法地收集和处理，它仍然应该是"充分、相关，并且仅限于与处理目的相关意义上必要的内容"（第 5（1）（c）条）。除了与目的限制原则相关的问题外，数据最小化原则本身也存在一些问题。例如，在深度学习或神经网络技术等数据处理领域中，何为真正充分和相关的，仍然是悬而未决的问题。第 35 条的规定可以为解决这一问题以执行最小化原则提供务实的方式。根据该条第 1 款的规定，"如果一种处理方式，特别是使用新技术（例如人工智能）"，"可能对自然人的权利和自由造成高风险，数据控制者应当在处理之前，就计划的数据处理作业对个人数据保护的影响进行评估"。更具体地说，在该评估的要求中——在数据保护官员和国家主管当局的监督下——人工智能数据处理的控制者应当证明"处理操作与目的相关的必要性和符合比例性"(第 35（7）（b）条）。

但是，由于竞争和知识产权保护等原因，这种评估是不公开的。因此，我们可能想知道对于众多人工智能应用程序处理的数据，需要多少时间才能达到数据充分性和相关性的标准。[7]

2.3 自动化处理

《通用数据保护条例》第 22（1）条规定，个人有权"选择不接受对其产生法律后果或者重大影响的、仅基于自动化处理（包括人物画像）的决定的约束"。第 29 条工作组发布了一份意见书，该意见书于 2018 年修订，其中涉及人工智能处理带来的众多法律问题。[8]第一，第 22（1）条规定了一般性禁止，而不是"仅在数据主体主动援引时适用"的简单权利。第二，第 22（1）条的措辞意味着没有人参与其中，但是，我们仍然可能会问，数据主体的请求会触发什么样的人为干预。根据该工作组的说法，当"由有权和有能力改变决定的人执行"时，人为干预是有意义的。第三，第 22（2）条确定了自动化处理何时是合法的，例如数据主体订立合同和明确同意，在这种情况下，"数据控制者应采取适当的措施来维护数据主体的权利、自由和合法利益……表达他或她的观点并有权质疑决定"(《通用数据保护条例》第 22（3）条）。

尽管如此，后面的条文如今引发了这样的争议，即个人是否有权就其数据如何被收集和使用获得解释。根据《通用数据保护条例》第 13 条和第 14 条，数据主体显然有权就处理其数据的自动化决策系统的一般功能（general functionality）事前获得解释，问题在于是否也有必要事后作出解释，例如基于人工智能的决策系统做出的特定决策的基本原理。有些人反对事后解释权。[9]包括本书作者之一在内的其他人则认为确实存在事后解释的权利。工作组选择采纳了后一种观点："《通用数据保护条例》要求数据控制者就所涉及的逻辑提供有意义的信息，即使不一定要对所使用的算法提供复杂的解释或披露完整的算法。但是，所提供的信息应该足够全面，以便数据主体能够理解作出决定的原因。"迄今为止，还没有涉及这一问题的判例，因此有的法院仍然坚持不存在事后解释权的观点。此外，同样是魔鬼存在于法律细节之中：通过机器学习技术（例如神经网络）处理个人数据的情况非常多，这使得我们可能难以确定在应用人工智能的数据处理过程中什么是可理解的和"充分可理解的"。关于这些问题，可谓聚讼纷纭，但是至今尚无法律明确其标准。

2.4 通过设计的和默认的数据保护

《通用数据保护条例》第 25 条规定的"设计数据保护和默认数据保护"是指在数据保护领域采取主动而非被动的方法。撇开数据控制者应当实施的组织措施不谈，即使在处理一个字节的个人数据之前，我们也会关注法律保障或约束嵌入技术的不同方式。在默认情况下，数据控制者应保证"仅处理对于每个特定处理目的来说必需的个人数据"（第 25（2）条）。这意味着，每个处理个人数据的人工智能系统的默认配置都应当将目的限制原则、数据最小化原则、时间限制原则等体现在人工智能系统的运行设计之中。所有这些工作在实践中如何实现，取决于设计师、工程师和法律专家的创造力。例如，第 25（3）条将第 42 条的认证机制称为"证明合规的要素"。

尽管如此，有关数据保护的几个问题注定要保持开放。第一，《通用数据保护条例》第25（1）条将合规让位于"数据处理的最新发展、实施成本，数据处理的性质、范围、场景和目的，以及对自然人的权利和自由构成的不同可能性和严重程度的风险"。第二，通过规范、权利或义务的形式化，适用传统上由律师采用的概念，甚至适用于智能机器，也存在技术困难。第三，法律系统中的概念和法律关系处于演变之中，法律保障措施在降低法律系统的信息复杂性时提出了高度依赖于场景的概念，这些概念会引发许多相关问题。[10] 第四，人工智能系统的自我学习能力增加了将《通用数据保护条例》的规定嵌入机器的难度，"自我学习能力将导致改变软件的新代码，在这种情况下数据保护可能不再被包括在内"。[11] 一种可能的解决方案是指导人工智能系统，让它们自我学习如何满足《通用数据保护条例》的合规要求。尽管如此，我们还是回到了之前的问题，即我们如何通过代码体现许多法律规则的动态和场景依赖的性质，特别是考虑到人工智能系统处理数据的情况。

2.5 控制者

我们在本章的介绍中提到了数据控制者的职责和义务。根据《通用数据保护条例》第4（7）条的表述，控制者是"确定处理个人数据的目的和方式"的自然人或法人。迄今为止，就亚马逊Alexa或谷歌助手（Google Assistant）等人工智能系统而言，无论亚马逊还是谷歌似乎显然都是数据控制者。但是，人工智能系统并不是简单的"开箱即用"（out of the box）机器。作为某种长期的演进过程，这些人工智能系统通过自身与居住在周围环境中的生物的互动，逐渐获得知识或技能。这意味着在特定数据处理应用程序所使用的状态转换系统（state-transition system）中逐渐形成复杂的认知结构。根据人类训练、对待或管理人工智能系统的方式不同，同一模型的不同版本可能会以完全不同的方式执行。相应地，我们可能想知道何时不应将个人视为人工智能系统的简单终端用户，而应将其视为人工智能系统所收集和处理之数据的控制者。几年前，欧盟赞助的一项研究完全赞同这一观点。[12] 确实在很多情况下，个人选择的作用至关重要，因此终端用户应当被视为数据控制者，从而对其人工智能系统如何收集、处理和使用个人数据负责。

但是，还有一些案例表明，对个人数据的非法处理可能取决于人工智能应用程序的设计者和制造商、互联网服务提供商和人工智能应用程序的开发者如何处理数据。例如，人工智能系统的故障，或者网络流量数据包中的 HTTP 标头（headers），这些数据包可用于确定终端用户的兴趣和其他个人信息。同样，人工智能应用程序可能会泄露可识别数据，例如设备 ID、GPS 位置等。根据第 29 条工作组的说法，"数据控制者是个功能性概念，目的是在有实际影响的地方分配责任，因此其依据是事实分析而非形式分析"，这"有时可能需要进行深入和漫长的调查"。[13] 我们怀疑，在可预见的未来，在确定人工智能系统收集和处理个人数据的目的和方式时，确定该人是谁将是一项艰巨的工作。

第三节　执　法

本节的引言部分讨论了"关于主管当局为预防、调查、侦查或起诉刑事犯罪或执行刑事处罚的目的而处理个人数据的"欧盟 2016 年 680 号指令。本节的目的不是说明这些规定如何与欧洲刑法领域的隐私规定互动，而是关注《执法指令》（Law Enforcement Directive，Directive（EU）2016/680）、欧盟 2016 年 680 号指令与

《通用数据保护条例》之间的差异，这将进一步介绍并阐明欧盟和美国隐私法之间的差异。

区别之一在于欧盟的法律文件（legal instruments）。条例规定的是准联邦框架，而指令则确立了法律的目的和目标，让成员国有权决定如何确定实施这样一套规则的具体手段。因此，对于如何实现欧盟《执法指令》的目标，成员国拥有一定的裁量权。该指令的目的是由主管当局在保护基本权利、自然人的自由（第1（2）（a）条），以及个人数据的交换，例如警察等之间取得平衡。正如《通用数据保护条例》所规定的，该指令不适用于欧盟法律规定之外的活动，例如涉及成员国国家安全或公共秩序的活动（第2（3）（a）条）。

然而，《欧洲刑警组织指令》（Europol Directive）[1] 规定的保障措施，如果与《通用数据保护条例》的规定对比，我们可以发现两组规范之间存在六个关键的差异。第一，数据主体的同意在这种场景下不起作用。第二，数据控制者是确定刑事领域个人数据处理目的和方式的"主管机构"。第三，数据最小化原则消失了：欧盟《执法指令》第4（1）（c）条规定，数据不应"超出与其处理目的的关联"。第四，欧盟《执法指令》第11条禁止任何形式的自动化个人决策，但它可以"由调整数据控制者的欧盟或成员国法律授权，并提供适当的保障措施……至少有权获得数据控制者的人为干预"。第五，欧盟《执法指令》第20条关于设计数据保护和默认数据保护的规定，沿袭《通用数据保护条例》第25条的用词，但是仍然由成员国来解释如何为其自己的数据控制者实施适当的技术和

---

[1]《欧洲刑警组织指令》即欧盟2016年680号指令。——译者注

组织措施。第六，最终性原则存在困难。前一节强调，尽管数据控制者在确定私营部门处理个人数据的目的方面可能有很大的余地，但当目标是预防、调查或侦查犯罪活动时，裁量权的余地（margin of discretion）会增加。同样的结论也适用于数据保留。《通用数据保护条例》第 17 条规定了删除个人数据的个人权利，前提是"数据对于收集或以其他方式处理的目的而言不再需要"（第 17（1）（a）条）；或当个人撤回同意或反对处理时；等等。与这些规定相反，欧盟 2016 年 680 号指令第 5 条对数据存储和审查没有具体的期限。每个成员国都应规定此类期限和"定期审查个人数据的存储需求"。

大多数法域都有执法和数据保护的具体规定。在欧盟，此类规定应当遵守 1950 年《人权公约》（1950 Convention on Human Rights）和 2000 年《尼斯宪章》（2000 Charter of Nice）所记载的原则。本书第七章考察了位于斯特拉斯堡的欧洲人权法院（ECtHR）和位于卢森堡的欧盟最高法院（CJEU）的判例法。在美国，关于执法和数据保护的规定应该符合《美国宪法》第四修正案的保障 [14]，即防止不合理的搜查和扣押，以及学者和法官所说的"对隐私的合理预期"。根据美国最高法院 1967 年 Katz v. United States[15] 的判决法理，一个人认为某个情况或位置是私密的，必须与整个社会公认的私密相匹配，从而将隐私作为一项基本权利加以保护。Katz 案标准一直适用于处理有关使用热成像设备（例如 Kyllo v. United States）[16]、GPS 系统（例如 Jones v. United States[17]）和手机定位（例如 Carpenter v. United States[18]）的案例。

基于上述判例法，新一代的人工智能相关案件很可能围绕两个关键问题展开。第一个关键问题涉及关于自愿向第三方披露的信息的最高法院判决法理。前提是秘密性属于《美国宪法》第四修正案保护隐私权的先决条件。正如索托马约尔大法官（Justice Sotomayor）在 Jones 案的协同意见书中所强调的，"这种方法不适合数字时代。在数字时代，人们在执行日常任务的过程中会向第三方透露大量关于自己的信息"。Carpenter 案 [19] 中对第三方原则进行了部分修改，但是它仍然代表了最高法院审查隐私和数据保护问题的总体框架。我们可能想知道，鉴于《欧盟基本权利宪章》(the EU Charter of Fundamental Rights ）第 8（2）条规定的原则，美国学者迟早会接受欧盟的信息隐私（informational privacy）进路，该进路中包括了数据保护的特定宪法权利。

人工智能的使用对隐私产生影响的第二个问题与对隐私的合理期望的双重维度有关。学者们和最高法院大法官们都强调，这种对隐私的合理期待，无论是社会和个人，可能会导致"恶性循环"，就像"先有鸡还是先有蛋"的因果困境一样。作为对隐私的合理期待权之基础的假设是，个人和社会都已经形成了一套稳定的隐私期待，但是，技术仍然可以让这些期待产生明显改变。这就是阿利托大法官（Justice Alito）在 Jones 案的协同意见书中所强调的："巨大的技术变革可能会导致大众预期不断变化，并最终可能导致大众态度发生重大变化。" [20] 因此，人工智能如何影响人们的权利保护，例如他们在美国的信息隐私和个人数据保护，仍然是个开放性问题。我们将在下一节中使用比较法的视角来讨论这些问题。

第四节　合理期待和市场

有的人认为，欧盟和美国的隐私法"依共同目标区分"(separated by common goals ）。[21] 我们已经在本章的引言部分提及欧盟的数据保护理念，它是个人人格权利的表达，而不是他的专有权利。[22] 相反，美国隐私法涵盖的法律主题，在欧盟法上更愿意将其归类为反歧视法（例如，NAACP v. Alabama[23]）、堕胎权（Roe v. Wade[24]）等法律的许多方面。即使隐私专家关注相同的规范挑战之时，例如人工智能机器人对数据保护保障的影响，不同的法律传统和概念框架也会导致不同的结果。毕竟，通过详述人工智能如何通过"直接监视、增加访问权限和社会意义"来影响法律，大多数美国学者的意图是强调美国法律在补救[25]、新的透明度、正当程序和"算法经营者"（algorithmic operators）作为"信息受托人"（information fiduciaries）的问责问题[26] 等方面存在的漏洞和不一致。

88

但是，我们不应忽视这些法律体系之间发生的一些重要的趋同。[27] 这些重要的趋同对于了解法律如何解决人工智能对信息隐私和数据保护的影响尤其重要，因为信息隐私和数据保护是在数字环境中访问、保护和控制信息的事务。例如，自 2020 年 1 月 1 日起生效的《加州消费者隐私法》(the California Consumer Privacy Act, 缩写 CCPA) 似乎采用了本章讨论的欧盟进路。数据保护不仅涉及保密，而且个人有权知道自己的哪些数据被收集（1798.100 (a) of the CCPA）；要求企业删除从该消费者处收集的有关该消费者的任何个人信息的权利（1798.105 (a)）；访问本人的个人数据（1798.115 (a)）或拒绝出售个人数据（1798.120 (a)）的权利；以及因行使"本编规定之消费者权利"而不受歧视的权利（1798.125 (a)）。与欧盟数据保护法规一样，《加州消费者隐私法》的目的是通过个人信息整个生命周期的通用框架来补充传统的个人隐私保护。尽管关键差异仍然存在，例如选择加入和选择退出的争议，但在隐私法和消费者法之间的互动方面也存在一些重要的趋同。

116

在美国，"人工智能和物联网（IOT）的兴起对消费者产生了重大的合同影响"。[28] 迄今为止，关注焦点一直放在诸如《统一商法典》（UCC）第 2 条之类的规定上，以阐明人工智能如何影响当前有关职责保证（warranties of duties）的条款，例如忠诚义务（duty of loyalty）、合同距离（contract distancing）、在消费合同中使用单方面修订条款等方面。在欧盟，围绕欧共体 1985 年第 374 号指令（Directive 1985/374/EC）制定的产品责任法展开了类似的辩论。我们将在本书下一章第 2 节中研究这些问题。除了根据消费者法提供的一系列实质性保障措施，例如《意大利消费者法》第 21 条、第 22 条和第 24 条等规定的针对"欺骗性行为""欺骗性遗漏"或"侵犯性商业行为"（aggressive commercial practices）的保护之外，集体诉讼等程序的作用尤其具有相关性。这种处理隐私和数据保护问题的进路当然在美国很流行，集体诉讼的概念起源于美国，并且仍然被认为是美国法律体系中可用的"最强大工具"之一。[29] 其他法律领域也采用了集体诉讼，不仅包括数据保护领域，而且包括竞争法和消费者保护领域。数据保护和消费者法领域的"移植"和"继受"确实是双向动态发展的。[30]

集体诉讼（class actions，又译作集团诉讼）可以理解为一种联合诉讼（associative action），其中群体由其成员代表，原告代表该群体起诉被告，甚至起诉缺席的当事人，向法院提交所有集体成员的诉讼请求。此类集体诉讼的基本原理是"在大规模生产的世界中……许多人以基本相同的方式受到伤害并不罕见"。[31] 在数据保护和人工智能领域，其理由是相似的，因为数据挖掘和人物画像（profiling）技术的计算模型处理的是类型（types），而不是令牌（tokens）。人们按照特定的教育、职业或专业能力，或社会实践

（例如宗教）和社会特征（例如种族）进行聚合，从而将个人作为群体的成员，尽管他们可以基于将人们分为多个类别的一组本体论和认识论依据（例如，对某些类型的疾病或行为的倾向）而忽略成为集体诉讼之群体的一部分。[32]

通过考虑隐私的集体维度（collective dimensions），集体诉讼可以补充数据保护提供的一些保护措施，例如《通用数据保护条例》第 80 条。例如，根据意大利一家法院 2020 年判决的意见 [33],《意大利消费者法》第 140 条之二（Article 140 bis）不仅是意大利首部生效的集体诉讼立法，而且与《意大利隐私法典》(Italian Privacy Code) 的规定非常吻合。在法院的判决书中，除了作为个人人格权利表达的个人数据保护外，还受到特定、不可放弃的保护形式的保护，例如撤回同意、访问、更正、遗忘的权利，数据本身也有不同的保护领域，数据旨在作为可能的销售对象，在市场经营者之间以及市场经营者与相关方之间实施保护（No. 6 of the ruling）。

需要承认的是，集体诉讼在美国经常成为批评的对象；我们应该记住，移植和继受的动态发展是双向的。欧盟和美国的法律传统实际上可以互相帮助，以应对人工智能在数据保护和隐私领域的挑战。尽管如此，这种趋同与美国和欧盟法律体系和传统之间持续存在的差异密切相关。

第五节　结　语

本章研究了人工智能可能影响欧盟数据保护法规和美国隐私法某些方面的方式。就欧盟法律而言，已经引发人们关注由最终性原则、最小化、自动化处理、设计数据保护和默认数据保护原则以及数据控制者概念给《通用数据保护条例》带来的问题。就美国法律而言，重点一直放在第三方原则的限制和技术变革时代对隐私的合理期待。当然，这种期待在欧洲和美国将如何演变，仍然是个开放的问题。

上一节说明了数据保护、隐私和消费者法之间趋同的有趣形式，尽管我们还讨论了关键差异，这些差异涉及隐私和数据保护的法律概念是如何构想的，以及数据保护领域和隐私可能在法律制度的不同领域互动。本书后面关于侵权法、刑法、知识产权保护和商法主题的章节将进一步阐明这种对欧盟和美国法律体系的比较进路，以确定人工智能技术是否以及在多大程度上可以对现行法规产生不同的影响。在美国和欧盟，这些问题中的大多数将越来越多地 91 围绕数字环境中的信息访问、保护和控制的权利。然而，从数据保护和隐私的立场来看，我们是"拥有"信息和数据，抑或毋宁说我们"就是"信息和数据，这一点还有待观察。

注释

1. See Case C582/14, from 19 October 2016.

2. 在这种情况下，我们跳过对电子隐私指令的任何提及，该指令将在《通用数据保护条例》提供的总体框架内很快被新的条例所取代。

3. See Ugo Pagallo, Pompeu Casanovas, and Robert Madelin, *The Middle-Out Approach: Assessing Models of Legal Governance in Data Protection, Artificial Intelligence, and the Web of Data*, 7 Theory and Practice of Legislation 1（2019）.

4. See B.-J. Koops et al., *A Typology of Privacy*, 38 University of Pennsylvania Journal of International Law 483（2017）.

5. See U. Pagallo, "On the Principle of Privacy by Design and its Limits: Technology, Ethics and the Rule of Law," in S. Gutwirth, R. Leenes, P. de Hert, and Y. Poullet（eds）, *European Data Protection: In Good Health?* Springer, Dordrecht 2012, p. 331.

6. R. Leenes and S. De Conca, "Artificial Intelligence and Privacy: AI Enters the House through the Cloud," in W. Barfield and U. Pagallo（eds）, *Research Handbook*

of the Law of Artificial Intelligence, Edward Elgar Publishing, Cheltenham, UK and Northampton, MA, USA 2018, p. 281.

7. See U. Pagallo, *Robots in the Cloud with Privacy: A New Threat to Data Protection?* 29 Computer Law & Security Review 501（2013）. An overview in D. Wright and P. De Hert, *Privacy Impact Assessment*, Springer, Dordrecht 2012.

8. See WP251rev.01, namely, "Guidelines on Automated Individual Decision-Making and Profiling for the Purposes of Regulation 2016/679." 该工作组是独立的欧盟数据保护和隐私咨询委员会，根据1995年指令成立，已被欧洲数据保护委员会取代。

9. See for example, S. Wachter, B. Mittelstadt, and L. Floridi, *Why a Right to Explanation of Automated Decision-Making Does Not Exist in the General Data Protection Regulation (28 December 2016)*, 7 International Data Privacy Law 76（2017）.

10. See U. Pagallo, "The Impact of Domestic Robots on Privacy and Data Protection, and the Troubles with Legal Regulation by Design," in S. Gutwirth, R. Leenes, and P. De Hert（eds）, *Data Protection on the Move: Current Developments in ICT and Privacy/Data Protection*, Springer, Dordrecht 2016, p. 387. See also B.-J. Koops and R. Leenes, *Privacy Regulation Cannot be Hardcoded: A Critical Comment on the "Privacy by Design" Provision in Data Protection Law*, 28 International Review of Law, Computers & Technology 159（2014）.

11. R. Leenes and S. De Conca, "*Artificial Intelligence and Privacy*," supra note 6, p. 300.

12. See RoboLaw, Guidelines on Regulating Robotics, *EU Project on Regulating Emerging Robotic Technologies in Europe: Robotics facing Law and Ethics*, 2014, p. 190, accessed 7 July 2020 at https://cordis.europa.eu/project/id/289092: "很明显，数据的非法处理不太可能被视为机器人制造商的责任，而是其用户的责任，用户才是个人数据的'持有者'。"

13. See WP169, that is, "Opinion 1/2010 on the Concepts of 'Controller' and 'Processor'" 16 February 2010, p. 9.

14. See Orin Kerr, *The Fourth Amendment and New Technologies: Constitutional Myths and the Case for Caution*, 102 Michigan Law Review 801（2004）.

15. *Katz v. United States*, 389 U.S. 347（1967）.

16. *Kyllo v. United States*, 533 U.S. 27（2001）.

17. *Jones v. United States*, 565 U.S. 400（2012）.

18. *Carpenter v. United States*, 585 U.S.（2018）.

19. Id.

20. *Jones supra* note 18.

21. David Vladeck, "Separated by Common Goals: A U.S. Perspective on Narrowing the U.S.-EU Privacy Divide," in Artemi Rallo Lombarte and Rosario García Mahamut (eds), *Hacia un nuevo derecho europeo de protección de datos*, Tirant lo blanch, Valencia 2015, p. 207.

22. See for example, Lawrence Lessig, "Privacy as Property," *Social Research*, 69, 247, 2002.

23. *NAACP v. Alabama*, 357 U.S. 449 (1958).

24. *Roe v. Wade*, 410 U.S. 113 (1973).

25. Ryan Calo, "Robots and Privacy," in Patrick Lin, Keith Abney, and George A. Bekey (eds), *Robot Ethics: The Ethical and Social Implications of Robotics*, MIT Press, Cambridge 2012, p. 187.

26. Jack M. Balkin, *The Three Laws of Robotics in the Age of Big Data*, 78 Ohio State Law Journal 1217 (2017).

27. Julie E. Cohen, "What Privacy Is For," *Harvard Law Review*, 126, 1904, 2013.

28. Stacy-Ann Elvy, "The Artificially Intelligent Internet of Things and Article 2 of the Uniform Commercial Code," in Woodrow Barfield and Ugo Pagallo (eds), *Research Handbook on the Law of Artificial Intelligence*, Edward Elgar Publishing, Cheltenham, UK and Northampton, MA, USA 2018, p. 560.

29. Joseph Srouji and Margaux Dolhem, *Class Action and Data Privacy in the USA and Europe: Effective Deterrent or Ill-Founded Approach to Compliance?* 1 Journal of Data Protection & Privacy 294 (2007).

30. See Michele Graziadei, "Comparative Law as the Study of Transplants and Receptions," in M. Reimann and R. Zimmermann (eds), *The Oxford Handbook of Comparative Law*, Oxford University Press, Oxford 2006, p. 442; and Janet Cooper Alexander, "An Introduction to Class Action Procedure in the United States," Conference on Debates over Group Litigation in Comparative Perspective, Geneva, Switzerland, 21–22 July 2000, accessed 7 July 2020 at https://law.duke.edu/grouplit/papers/classactionalexander.pdf.

31. See Janet Cooper Alexander, *"An Introduction,"* supra at 31.

32. On "group privacy" see Ugo Pagallo, "The Group, the Private, and the Individual: A New Level of Data Protection?" in L. Taylor, L. Floridi, and B. van der Sloot (eds), *Group Privacy: New Challenges of Data Technologies*, Springer, Dordrecht 2017, p. 159.

33. TAR Lazio, Tribunal in Rome, first section, ruling no. 15275/2018 from 10 January 2020.

第六章　侵权法

第一节　引　言

在法律上，契约外义务（extra-contractual obligations），或者普通法世界的法律人（tortious liability）通常所称的侵权责任，即政府要求私人就其不法行为（wrongdoing）进行损害赔偿的义务。法律人对此问题的讨论集中在如果侵权人是人工智能实体时，如何追究责任？尽管普通法系与民法法系两大法系的法律传统存在关键性的差别，但是它们都将侵权责任分为三大类型：故意侵权（intentional torts）、过失侵权（negligence-based torts）和严格责任（strict liability）。[1]

首先，对于故意侵权而言，主动实施法律所禁止之不法行为的个人应当承担侵权行为的责任。其次，对于过失侵权的责任，过失这一概念是指理性人（the reasonable person）没有预防可以预见的损害；易言之，损害是因为诸如缺乏正当注意之类的个人过错所导致的。最后，对于严格责任而言，无论个人是出于故意，还是已经尽到通常的注意，法律均设定责任，例如雇主对其雇员的行为承担替代责任（vicarious responsibility）。

与上述传统框架不同，人工智能技术的法律影响导致侵权法理存在三个不同等级的复杂性。首先，侵权法上的基本概念，例如理性人预防可预见的损害的观念，会因为人工智能系统的设计、建设和应用而受到影响。在上一章中，我们已经提到人工智能系统并不只是"开箱即用的"（out-of-the-box）机器，我们需要对理性人标准予以修正以解释人工智能实体。计算机程序的状态转换系统（state-transition system）中可能会出现各种复杂的认知结构，它可以通过与周边环境中存在的各种行为体进行的互动而获取知识或者技术。即使对于人工智能系统的设计者来说，其目标是让系统的预期效用最大化，但是法院仍然难以判断何时个人的行为不符合理性人标准，或者应当认为产品存在缺陷。侵权法上人工智能所带来的挑战是，人工智能如何影响我们现在遵循的标准，这些标准是：（1）关于理性和可预见性的社会标准；（2）有关注意义务的法律标准；（3）人工智能的技术标准，例如由电气电子工程师协会（the Institute of Electrical and Electronics Engineers，缩写 IEEE）在过去几年里所制定的标准。[2]

关于侵权法和人工智能的问题，另一种等级的复杂性涉及这一领域的碎片化。例如，在欧盟法上，侵权责任很大程度上还没有实现统一。但是，在美国，侵权法很大程度上因为 49 个州（路易斯安那州例外）所采纳的普通法传统而得到统一。还要值得注意的是，威廉·普罗瑟（William Prosser）根据美国成熟的侵权法传统，在区分侵犯私人领域（intrusion）、公开披露令人难堪的私密事实（public disclosure of embarrassing private facts）、不正确的曝光（false light）和擅自使用他人的姓名（appropriation of name）四种情形的基础上，对美国有关隐私权的判例法进行了体系化。[3] 在欧盟，除了下列例外，侵权法很大程度上取决于各个成员国的立法：（1）欧盟指令（Directive 85/374/EC）规定的产品责任法；（2）《通用数据保护条例》第 82 条所规定的违反数据保护立法的责任；（3）《损害赔偿指令》(Directive 2014/104/EU)所规定的违反竞争法规定的责任;(4)《汽车保险指令》(Directive 2009/103/EC)等规定的责任保险相关问题;(5)在所谓的《罗马条例 II》[Rome II Regulation(864/2007)]中规定的侵权法冲突的处理程序。尽管存在这些欧盟规则,但是大多数的侵权法规定是取决于欧盟各成员国的法律规范。

但是,关于侵权法和人工智能的问题,等级划分的复杂性还在于现有的人工智能立法是取决于具体场景的。因此,为了研究人工智能对于侵权法原则产生的法律影响,我们应当注意在自动驾驶汽车、无人机、金融服务、数据保护等领域业已存在的各种规定。但是,就自动驾驶汽车、手术机器人或者高频交易和智能交易而言,人工智能对于侵权法上对"理性"和"可预见性"的理解也有不同的影响。对于侵权法而言,这些例子各自都体现了一种复杂性。例如,在自动驾驶汽车领域,我们需要同时考虑道路交通法和与之相对应的侵权法,也就是说,在法律体系中如何建构寻求救济的权利、赔偿(compensation)、证明责任或者损害赔偿。在欧盟法上,这些规则大多数取决于各个成员国的立法,除了四项例外。其中两项例外是在欧盟侵权法领域,也就是说,产品缺陷相关的欧盟指令和《机动车使用相关民事责任保险的欧盟指令》。但是,在自动驾驶汽车的规制领域,在考虑维修、更价、减价、终止消费产品销售和相关保障时,还需要增加 Directive 1999/44/EC;在机动车及其拖车的销售许可和市场监测方面,也需要增加 Regulation 2018/858。

对于人工智能技术应用引发的损害,考虑到实施侵权法存在的复杂性,本章将对人工智能对于侵权法之影响的若干关键方面进行阐述。第二节将要讨论的是欧盟侵权法的碎片化有助于理解其成员国面临的一些共同问题,集中讨论人工智能系统在侵权法领域的法律影响存在的特殊性。第三节分析的是这种特殊性如何在自动驾驶汽车和无人机这两个人工智能的具体领域产生同频共振。第四节则分析在美国和欧盟的侵权法上，人工智能规制的哪些方面似乎处于特定的压力之下。本章关注的焦点在于人工智能的应用所导致的新的信息义务、证明责任和非个人数据保护。第五节是本章分析的结语。

第二节　人工智能遭遇欧盟侵权法

我们讨论了欧盟侵权法的五项例外，这些规定的目的是为各成员国提供契约外责任领域的准联邦性质的法律框架；但是，这些规定有的内容在应对人工智能技术的影响方面存在局限性。上文提及的 1985 年《产品责任指令》可以很好地说明欧盟现在的状态。我们越是生活在无形产品和数字服务的世界之中，《产品责任指令》的关键概念就越少能够适当地解决人工智能所带来的挑战。首先，我们还不清楚《产品责任指令》规则是否可以适用于软件和数字产品。其次，《产品责任指令》第 9（b）条所提到的"财产项目（item of property）"是否涵盖对数据造成的损害，仍然存在争议。再次，《产品责任指令》第 6（1）条将"缺陷"定义为"关系到个人有权期待获得的安全"，但是，就人工智能技术而言，我们难以确定什么是可以合理期待的。而且，欧盟各成员国在如何解释"期待"概念方面也存在差异。最后，根据《产品责任指令》第 4 条的规定，关于"缺陷与损害之间因果联系"的证明责任将是比较严格的。不仅消费者可能会发现难以证明人工智能产品或者服务存在的缺陷，而且制造商的责任很大程度上取决于产品何时投入流通领域。因此，更新或者升级情形下的责任并没有被纳入考虑范围。

除了《产品责任指令》存在的这些局限之外，我们可以认定它只调整今天侵权法规定的一部分内容。欧盟法上有关契约外义务，大多数是由各个成员国基于其主权确定的，尽管它们显然拥有一些共同的传统。具体而言，欧盟侵权法传统上是与过错和注意义务概念相联系的。无论各国的法律体系是否区分客观不法行为和主观不法行为，或者区分不法性和过错，契约外义务的一般观点都是围绕着未能尽到义务的理性人的行为。基于过失的责任越来越多得到各种形式的无过错责任或者严格责任的补充。此类责任调整他人的行为，可能涉及诸如动物、儿童、交通工具、能源或者管道等不同主题。有的法域，例如意大利，对严格责任提供了一般性规则，可以涵盖人工智能所提出的大多数挑战。正如《意大利民法典》第2050条所规定的，确立适用于"危险活动"的严格规则的一般规则，将举证责任倒置，由人工智能的开发者承担。还有的法域则限制严格责任的适用，扩大过错责任的范围，或者确立对某些情形适用严格责任的制度，既不承认类比，也不承认例外。责任政策存在的差别反映了无过错责任的利弊。如果无过错责任依然是风险和责任在社会中进行配置的主要机制之一，那么严格责任制度可能会阻碍技术创新，或者导致恶性循环：严格责任的规则越是有效，我们用来测试人工智能系统的空间就越小，这类规则的增加可能会产生寒蝉效应。[4]

欧盟委员会在2018年成立了责任与新技术问题的高级专家组，已经讨论了与技术规制（techno-regulation）相关的挑战。在2019年发布的研究报告——《人工智能与其他数字技术的责任》（Liability for AI and Other Digital Technologies）中，高级专家组注意到存在四大挑战，分别是侵权法条款的赔偿、激励、公正和效率问题。[5] 很多情况下，至少在欧盟法上，问题在于"人工智能的受害者"并没有获得赔偿。例如，根据现在的严格责任政策和保障措施，成为人工智能行为"受害者"的消费者经常无法获得损害赔偿金，或者获得较少赔偿，尽管他们在涉及人类或者传统技术的类似情况下可以获得更好的赔偿。不仅如此，正如《产品责任指令》的某些局限所显示的，损害可能无法归因于那些致害者，损害的成本也并不总是由导致损害的人工智能的受益者承担。欧盟成员国的大多数法律体系并不能保障人工智能系统的最低成本规避者，或者保险的投保成本最低者可以将此类损害内部化。[6] 高级专家组因此建议，"对现行的责任制度进行调整和修正，以便提供对于创造和控制这些风险者、可能受到损害者来说经过权衡的法律框架"。我们将在本章第四节接着讨论这些调整和修正。

但是，在 2019 年的这份研究报告中，高级专家组承认，"考虑到不同的新兴的数字技术，以及它们可能带来的不同程度的风险，我们无法提出适合处理所有这些风险的单一解决方案。"[7] 在人工智能领域，人工智能提出的法律挑战很多是取决于具体场景的。在本章的下一节中，我们提供自动驾驶汽车和无人机这两份案例研究以说明侵权法和人工智能所面临的挑战。

第三节　场景依赖

人工智能对于侵权法和金融服务、电子医疗（e-health）、数据保护、自动驾驶汽车、智能家居、物联网（IOT）、无人机等的影响是包罗万象的主题。因此，本节将聚焦两大具体应用场景以说明人工智能相关侵权法的问题。自动驾驶汽车和无人机不仅突出了人工智能（以及某些形式的智能机器人）所提出的各种独特问题，而且对于侵权法来说具有独特意义的挑战可能取决于特定应用采用了何种类型的人工智能。

3.1 自动驾驶汽车的侵权责任

因为自动驾驶汽车的发展等原因，道路交通法现在是一个快速发展的领域。早在2011年，内华达州就制定了一部法律，首次允许在公共道路上使用自动驾驶汽车；美国的其他州和世界各国也已经制定了自动驾驶的规定。美国国会众议院在2017年通过了《自动驾驶法》（the Self-Drive Act），试图为自动驾驶汽车的规制提供联邦法律框架，其中包含了诸如"安全评估认证"（safety assessment certifications）（Section 4）、网络安全（Section 5）和数据隐私（Section 9）等重点内容。此外，在美国，有关侵权法和自动驾驶汽车的讨论很多是涉及过失和注意义务、豁免和无过错赔偿制度，以及侵权诉讼中的责任分担方式等问题。有的评论家认为，"大多数州普遍采纳的确立已久的侵权法原则，如果辅之以联邦安全规定，将会提供一个全面的规制进路，很大程度上可以驱散笼罩在这项新兴技术上空的法律不确定性的阴影"。[8]当然，目前还无法确定最终将会通过什么样的法律。[9]

美国从侵权法框架出发对于自动驾驶汽车监管的讨论，并不会对欧盟和其他法域的道路交通法产生约束力。正如引言所述，欧洲缺乏"公认的侵权法原则"，供各国用于调整或者修正其侵权领域的法律。[10]但是，2009年开始，《汽车保险指令》（Motor Insurance Directive）成为欧盟侵权法的五项例外之一。但是，《汽车保险指令》的目的是统一责任保险的适用而非民事责任。合同之外的责任是由欧盟各成员国决定，因此各国议会和法院决定法律所调整的损害类型、证明标准、寻求救济的权利或者法律上的因果关系。我们在欧盟距离出台某种形式的准联邦制的自动驾驶汽车规章尚待时日。但是，在欧盟，对于汽车制造和使用而言，侵权法的四项内容似乎越来越遭遇挑战，它们是：（1）各国法律规定汽车保管者（car keeper）的严格责任；（2）《产品责任指令》规定的生产者的产品责任；（3）《汽车保险指令》规定的规则；（4）如何通过自动化的六个等级划分应对所需的转型。也就是说，从人工驾驶（0级）、辅助驾驶（1级）到部分自动驾驶（2级）、有条件自动驾驶（3级）、高度自动驾驶（4级）、全自动驾驶（5级）。[11]

需要特别指出的是，"自动化过渡"（automation transition）带来了人工智能应用所独有的侵权法问题。无论是在美国还是欧盟，我们目前都缺乏有关自动驾驶汽车的事件概率、后果和成本的数据，无法确定使用自动驾驶汽车的风险水平，因此无法充分量化自动驾驶汽车的保险费金额，以及对自动驾驶汽车行为采取新型问责所依赖的其他机制。[12]虽然5级或全自动（鉴于车内没有驾驶员）不存在对人类驾驶员适用的严格责任，但是此类汽车的责任制度不仅会影响传统汽车制造商，而且会影响服务提供商的责任、网络安全和通信职责、数据保护义务等。这些问题也给如何为自动驾驶汽车事故受害者提供充分补偿、对自动驾驶汽车制造商提供激励、举证责任法律机制的公平性，以及自动驾驶汽车领域现有的侵权法规定的整体效率等带来了困难。

高级专家组建议根据自动驾驶汽车的前端运营商和后端运营商、所有者和持有者之间，以及生产商的后端支持和服务提供商的后端支持之间的区别来解决车辆的自动化转型。[13]这种区别体现了侵权法中新旧的责任场景。在旧场景中，前端运营商的严格责任与汽车制造商的产品责任和强制保险形式（美国新罕布什尔州除外）

并行。在可预见的新场景中，前端运营商的责任豁免可能会成为法律标准，因此只有后端运营商应该被视为承担严格责任。这些问题与本书其他章节所分析的人工智能在数据保护问题（第五章）、刑法（第七章）和著作权法（第八章）中存在的法律挑战存在部分重叠。但是，从侵权法的角度来看，人工智能和自动驾驶汽车的使用导致了另一个问题，其中涉及自动驾驶汽车从 2 级（部分自动驾驶）到 4 级（高度自动驾驶）功能的过渡。有关公众对高度自动驾驶车辆不信任的大量研究表明，人工智能将越来越多地挑战侵权法规定的自动驾驶汽车设计者、生产者和用户之间分摊责任的不同方式。[14]

3.2　无人机的侵权责任

欧盟对无人机监管采取的法律进路，对于说明人工智能技术对侵权法的规范挑战具有特别指导意义。第一套无人机规则由欧盟 2008/216 号条例（EU Regulation 2008/216）确立的。基于该条例所采用的双重进路，该条例仅针对作业质量（operating mass）超过 150 公斤的无人机提供规则，并明确将某些类型的无人机排除在其范围之外，无论是出于活动还是重量的标准。"每个欧盟成员国和相应的国家航空机构对所有其他类型的无人机拥有规制权。"[15] 正如意大利民航局（ENAC）制定的关于无人机系统（UAS）使用的极其详细的规定的扩散所表明的那样，这是自 21 世纪 10 年代中期以来该系统碎片化的一个结果。[16]

针对这一趋势，欧盟立法者于 2018 年通过了欧盟 2018 年第 1139 号条例［Regulation（EU）2018/1139］，为民用航空领域提供了通用规则，其中包括赋予欧盟航空安全局管理自主无人机和城市空中机动性的新职责。这部新条例适用于所有民用无人机操作，无论其大小和重量如何，从而大幅减少了成员国和国家机构的权力和职责。作为妥协，该条例允许成员国有以下可能性：（1）制定关于无人机系统的具体国家规则［Art. 56（8）］；（2）利用第 71（1）条的"灵活性规定"（flexibility provisions）以获得对某些欧洲要求的豁免；（3）修改欧盟委员会的某些法律文件［Art. 71（3）］。这部条例的总体目标是根据《单一欧洲天空战略》（the Single European Sky Strategy）的目标和《欧盟航空法》（the EU aviation law）第 140 条，到 2023 年在欧盟建立无人机使用的综合法律框架。与第二节强调的自动驾驶汽车的法律规制相反，无人机治理在欧盟法上似乎是高度集中的。

在美国联邦航空立法中，例如 2012 年《联邦航空管理局现代化和改革法》（2012 FAA Modernization and Reform Act）和 2018 年《联邦航空管理局再授权法》（the FAA Reauthorization Act）都对无人机规制有所限制。航空法只考虑无人机系统运行所带来的部分法律问题。除了飞行安全和保障之外，此类法律问题还涉及电信法、刑法和公共安全立法、保险法、数据和消费者保护。[17] 这种影响可以理解为无人机技术"变革性"的副产品，因为"'智能'机载平台（airborne platforms）配备了越来越复杂的传感器套件和软件解决方案"。[18] 在无人机的规范性挑战中，有些是侵权领域独有的。在国际法层面，1952 年《罗马公约》（Rome Convention）涵盖无人驾驶和遥控飞行器的责任，但不包括自主无人机的责任。在美国，统一法律委员会（the Uniform Law Commission）关于无人机侵权法规则的提案承认了一系列新的挑战，即无人机运营商对与无人机侵入、侵犯隐私和疏忽操作相关的损害承担责任。在欧盟，高级专家组 2019 年报告强调，现有的关于飞机严格责任的规则可能适用于自主无人机，但仍然存在许多潜在的责任漏洞。[19] 正如欧盟委员会所承认的那样，"由于无人机事故可能是由设备缺陷、异常天气条件等大量未知情况，或网络攻击者等其他情况造成的，受害人将难以证明责任索赔的构成"。[20]

我们可以怀疑，随着人工智能在无人机系统中的使用越来越多，受害者面临的此类困难只会增加："无人机数据和大数据的交叉放大了许多与之相关的社会和伦理问题。"[21] 这些关切中有的将越来越多地涉及侵权法的原则如何受无人机运行中的人工智能影响。从侵权法的角度来看，无人机对因果关系和证明责任、损害和赔偿等复杂问题提出了挑战。

102

第四节　普遍挑战

迄今为止，我们已经重点分析了欧盟法律人所说的横向和纵向维度的法律问题。横向的法律问题围绕法律体系之间的差异展开，例如美国和欧盟，或者欧盟 27 个成员国的侵权法之间的差异。纵向问题涉及侵权法的特定领域，例如上面讨论的自动驾驶汽车和无人机领域。尽管存在"双重水平的问题"（double level problems）的可能性，但我们不应忽视人工智能在侵权领域引发的一些共性。共同点涉及法律如何解决人工智能作为在数字环境中访问、保护和控制信息的技术，对侵权法多个领域的影响。正如高级专家组在其关于责任和新技术形成的报告中所强调的那样，人工智能对责任法的挑战取决于此类技术日益增长的复杂性、不透明性、自主性、数据驱动性和脆弱性。[22] 本书第五章探讨了欧盟和美国法律在数据保护和信息隐私领域的一些趋同现象，但是这里的重点是欧盟和美国在侵权法领域可能面临的共同挑战。我们认为人工智能将使得三项重要问题更加凸显。

第一，从法律角度来看，人工智能将越来越多地被理解为服务，而不是产品。我们在第二节中讨论了当今欧盟法规（即《产品责任指令》规定的制度）的局限性，涉及复杂人工智能生态系统带来的规范挑战。在美国，消费者保护法和商法领域也存在类似的争论。[23] 人工智能应该被视为产品还是服务的问题，类似于过去法律学者对软件的法律地位的讨论。欧盟 2017 年第 745 号条例（EU Regulation 2017/745）第 2（1）条将软件纳入医疗器械规制，说明了从无体产品（intangible products）的规制到数字服务法律的法律转变。欧盟法律通过 2019 年有关"数字内容和数字服务供应合同某些方面"的第 770 号指令第 2 条的定义，针对特定行业采取特别战略，强化了这一趋势。未来几年，将人工智能作为"法律服务"进行规制将越来越受到侵权法律师的关注。

第二，应该关注与侵权法要求的证明责任相关的问题，例如《产品责任指令》第 4 条。当今法规的主要挑战之一与信息的收集和记录有关。[24] 侵权诉讼各方当事人之间存在信息不对称，这可能意味着需要对人工智能服务的生产商和后端运营商设定义务，以记录有关技术操作的信息，即设计记录。法律制度可以确立"一个可反驳的假设，即缺失信息证明的责任条件已经满足"。[25] 尽管在刑法、个人数据保护法、著作权法等方面都提出了类似的数字信息访问、控制和保护问题，但是现行侵权法规定的公正性和效率本身也提出了新的挑战，尤其是关于证明人工智能服务缺陷的责任、损害的法律因果关系或人工智能服务过错责任的过失。

第三，应注意数据保护。欧美学者对隐私法的误解也发生在侵权法领域。正如我们在第八章中所讨论的，欧盟和美国都对著作权及其数据相关问题制定了完善的规范。此外，两个法律体系中都存在关于非个人数据保护的部门法（sectorial laws），将数据作为财产权保护上存在趋同。《数据库指令》（Directive 96/9/EC）规定的数据库就是这种情况，关于"保护未公开的专有技术和商业信息（商业秘密）反对他们的非法获取、使用和披露"的《商业秘密保护指令》（Directive（EU）2016/943）第 4（4）条也是部分存在这种情况。一些人提出了一种新的数据责任损害（data liability damage），例如对所有者的数据保护应当针对恶意第三方的行为。例如，高级专家组提出这种损害可能是由构成违反以避免损害为目的的法律标准的行为造成的。[26] 进一步的解决方案可能是对人工智能造成的非个人数据损害采取特殊（sui generis）形式的保护，就像欧盟之前对软件、数据库，或者集成电路布图设计所提供的保护。这种保护可以适当地补充自 2019 年起适用的有关非个人数据自动流动的欧盟条例（Regulation（EU）2018/1807）的现行规定。

104

针对这一日益影响侵权责任领域的共同问题框架，我们可以再次考虑法律的横向和纵向维度。当前关于人工智能和侵权法最新技术的辩论可能最终会在横向（例如美国与欧盟的侵权法）和纵向（例如针对多种人工智能应用制定特别规定）上引发更广泛的分歧。但是，我们很可能需要不同的法律体系和传统来处理控制和保护数字生态系统中有关数据和信息的新一代案件。本章关于人工智能服务监管、证明责任和侵权法中非个人数据保护的讨论可以支持这一观点。

第五节 结 语

本章讨论了侵权法的原则，例如合理性和可预见性、赔偿的概念，以及人工智能如何越来越多地挑战侵权法规则。今天修改现行侵权法的努力集中在消费者保护法和商法、非个人数据的保护，以及在人工智能作出导致损害的决定时分配责任。我们讨论了人工智能应用程序特有的现行侵权法条款的公正、激励和效率问题；自动驾驶汽车和无人机的影响就是例子。关于信息义务、证明责任和非个人数据保护的讨论，可以帮助我们理解法律系统如何通过一套新的人工智能侵权法条款在联合体（consociates）内部重新分配风险。此外，人工智能挑战了关于保护免受不法行为造成的伤害和损害的传统假设，以至于面对新一代人工智能工具、行为体和服务时，法律上很难定义合理和可预见的期待。

人工智能作为系统中其他行为体的责任来源，以及法律如何通过严格责任、代位责任、过错责任等形式应对这些威胁，这些问题与第四章中讨论的主题存在部分重叠。本章还重点关注了人工智能在侵权法领域预计会产生的其他类型的问题，考虑了这些问题的横向和纵向维度以及相应的共性，即（1）美国和欧盟侵权法的差异；（2）不同的人工智能部门（如自动驾驶汽车和无人机系统）之间的差异；（3）数字服务的侵权法规制、证明责任保障和非个人数据保护。在这个有趣的法律领域，美国和欧盟的法律体系将会让人类对人工状态转换系统（artificial state-transition system）所作的"决定"负责。

鉴于将当前侵权法框架应用于人工智能的重大挑战，法律和计算机科学专家提供了一些可能的解决方案，这些解决方案涉及修改现行法律，或者创建新的法律原则。一种可能的解决方案虽然有争议，但它是赋予人工智能实体本身以"人格"，将人工智能实体视为法律规定的独立"人"。[27] 将人工智能视为一个人可以解决代理问题，这对于分析代位责任的请求权很重要，因为人工智能实体将被视为"本人"（principal），而不再是代理人。在这种人格模式下被视为"本人"的人工智能实体将自行承担相应的负担和义务，并且可能成为任何过错责任请求权的直接起诉对象。[28] 在这种情况下，将需要对人工智能系统投保，以便由保险支付此类索赔请求。这种保险的资金可能来自人工智能技术的用户，这将使得促进公平的"多种成本分摊形式"成为可能，因为它的关注点不仅限于人工智能技术的创造者，而且鼓励人工智能技术的用户也承担一些成本。

一种可能的解决方案是由企业承担责任，这种常见理论有助于解决人工智能导致的损害问题。如果某些伤害是由人工智能系统造成的，借助这种方法，而不是将过错分配给特定的个人或实体（或试图确定是否存在过错），那么所有参与人工智能系统使用和实施的群体可以共同承担一些责任。这种解决方案的好处是所有相关方都可以分担负担，并且不需要认定过错（由于人工智能的黑箱性质，可能无法认定过错）。相反，责任推断在所有相关方共同分担，从而使受害人的利益得到保全。[29] 另一种可能的解决方案是直接修改使用黑箱人工智能的专业人员的职责和注意义务标准。这种标准将要求专业人员"在评估和实施黑箱算法时应尽到程序上的合理注意义务"。在这种注意义务标准下，专业人员有义务评估黑箱算法并验证算法结果。在这种模式下，专业人士如果没有采取足够的措施来正确评估用于特定应用的黑箱人工智能技术，将要对造成的伤害负责。[30] 此外，在侵权法和合同法的宽泛的伞形框架之下，可以在产品责任的诉讼请求中主张多种特定的（通常是同时适用的）责任理论，包括过错责任、设计缺陷、制造缺陷、未尽到警示义务、虚假陈述和违反质量保证。所有这些责任理论都可以出现于人工智能的场景。例如，在以损害可预见性为构成要件的过错责任中，原告可以声称制造商因为过失没有认识到导致损害结果的可能性。

按照严格责任制度，制造商——包括制造人工智能产品的制造商——可能需要对不安全的缺陷承担责任，而无需询问缺陷是否源于可识别的错误，例如设计缺陷、制造缺陷或制造商的过失。[31] 严格责任反映了这样的观点，即消费者有权期待产品是安全的。如果没有实现这一期待，消费者遭受由此产生的伤害并提出严格责任之诉的，将无需明确在设计或制造过程中什么环节存在缺陷。随着人工智能的发展，将出现的一个首要问题是软件引发危害的可能性增加。在非人工智能的系统中，软件的售后更新一直是修复产品缺陷的标准方法。

注释

1. See James Gordley, *Foundations of Private Law: Property, Tort, Contract, Unjust Enrichment*, Oxford University Press, Oxford and New York 2006.

2. 特别是，IEEE P7000 标准系列包括迄今为止在 IEEE 自主和智能系统伦理全球倡议框架（Global Initiative on Ethics of Autonomous and Intelligent Systems）内正在开发的 14 个标准, accessed 11 July 2020 at https://ethicsinaction.ieee.org。

3. See William Prosser, *Privacy*, 48 California Law Review 383（1960）.

4. See Ugo Pagallo, "From Automation to Autonomous Systems: A Legal Phenomenology with Problems of Accountability," in Carles Sierra（ed.）, *International Joint Conferences on Artificial Intelligence Organization (IJCAI-17)*, Melbourne 2017, p. 17.

5. The Report was accessed 11 July 2020 at https://ec.europa.eu/transparency/regexpert/index. cfm?do=groupDetail.groupMeetingDoc&docid=36608.

6. See S. Chopra and L.F. White, *A Legal Theory for Autonomous Artificial Agents*, The University of Michigan Press, Ann Arbor 2011, p. 128. The reference text is of Richard Posner's *Economic Analysis of Law*, Little Brown/Wolters Kluwer for Aspen Publishers, Boston 1983, and 7th ed. 2007.

7. See the Report, *supra* note 5.

8. See Mark Geistfeld, *A Roadmap for Autonomous Vehicles: State Tort Liability, Automobile Insurance, and Federal Safety Regulation*, 105 California Law Review 1611 （2017）.

9. See Ryan Abbott, "The Reasonable Computer: Disrupting the Paradigm of Tort Liability," *The George Washington Law Review*, 86, 47, 2018.

10.《欧盟侵权法原则》（*the Principles of European Tort Law*），是欧洲侵权法研究组（European Group on Tort Law）为了实现这一领域的规则协调的指南。The text is available at http://www. egtl.org/petl.html（accessed on 11 July 2020）.

11. 这一文本沿袭了汽车工程师学会（the Society of Automotive Engineers）制定的标准，具体解释参见 https://www.sae.org/standards/（accessed on 11 July 2020）。

12. L.P. Robert, *Are Automated Vehicles Safer than Manually Driven Cars?*, 34 AI & Society 687（2019）.

13. See the Report, *supra* note 5.

14. 公众的不信任和不同程度的社会接受程度也可能取决于人口统计数据，即人们为了应对自动驾驶汽车的挑战，根据年龄或教育等因素而采取的不同方法。See G. Burnett and C. Diels, "Driver Acceptance of In-Vehicle Information, Assistance and Automated Systems: An Overview," in T. Horberry, M.A. Regan, and A. Stevens （eds）, *Driver Acceptance of New Technology: Theory, Measurement and Optimisation*, Routledge, London and New York, USA 2018, p. 137.

15. See E. Bassi, "European Drones Regulation: Today's Legal Challenges," in *ICUAS Proceedings 2019*, IEEE, Atlanta, GA, USA p. 432, paper presented at the 2019 International Conference on Unmanned Aircraft Systems（ICUAS）, Atlanta, GA, USA, 11–14 June 2019.

16. See U. Pagallo, "Legal AIze: Tackling the Normative Challenges of Artificial Intelligence and Robotics through the Secondary Rules of Law," in M. Corrales, M. Fenwick, and N. Forgó（eds）, *New Technology, Big Data and the Law: Perspectives in Law, Business and Innovation*, Springer, Singapore 2018, p. 281.

17. 例如，欧盟《民航条例》（Regulation（EU）2018/1139 of the European Parliament and of the Council of 4 July 2018 on common rules in the field of civil aviation and establishing a European Union Aviation Safety Agency）第 132 条包括隐私保护条款，这意味着每次无人机操作都应遵守《通用数据保护条例》的规则（如适用）。因此，根据《通用数据保护条例》第 82 条规定，无人机系统的运营对个人数据的处理意味着"任何因违反本条例而遭受实质或非实质损害的人，都有权从控制者或处理者处就所遭受的损害获得赔偿"。

18. See T. Ravich, "A Comparative Global Analysis on Drone Law: Best Practices and Policies," in B. Custers（ed.）, *The Future of Drone Use: Opportunities and Threats*

from Ethical and Legal Perspectives, Asser Press, The Hague 2016, p. 301.

19. See the Report, *supra* note 5, p. 26.

20. European Commission, Commission Staff Working Document, "Liability for Emerging Digital Technologies," accompanying the document "Communication from the Commission to the European Parliament, the European Council, the Council, the European Economic and Social Committee and the Committee of the Regions," Artificial Intelligence for Europe, COM（2018）237 final. The text is available at https://eur-lex.europa.eu/legal-content/EN/TXT/?uri=COM%3A2018%3A237%3AFIN（accessed on 11 July 2020）.

21. See E. Bassi, "European Drones Regulation," *supra* note 15; and R.L. Finn and A. Donovan, "Big Data, Drone Data: Privacy and Ethical Impacts of the Intersection between Big Data and Civil Drone Deployments," in B. Custers（ed.）, *The Future of Drone Use: Opportunities and Threats from Ethical and Legal Perspectives*, Asser Press, The Hague 2016, p. 47.

22. See the Report, *supra* note 5.

23. Stacy-Ann Elvy, "The Artificially Intelligent Internet of Things and Article 2 of the Uniform Commercial Code," in W. Barfield and U. Pagallo（eds）, *Research Handbook on the Law of Artificial Intelligence*, Edward Elgar Publishing, Cheltenham, UK and Northampton, MA, USA 2018.

24. See Jack M. Balkin, *The Three Laws of Robotics in the Age of Big Data*, 78 Ohio State Law Journal 1217（2017）.

25. See the Report, *supra* note 5. 根据高级专家组的研究，该职责可能仅限于某些类型的信息，这些信息对于确定人工智能生态系统的风险是否在特定情况下实现是必不可少的。该义务也可能出于数据保护或商业秘密等理由，根据技术可行性和日志记录成本或获取该信息的替代方式而受到限制。

26. See the Report, *supra* note 5.

27. Hannah R. Sullivan and Scott J. Schweikart, *Are Current Tort Liability Doctrines Adequate for Addressing Injury Caused by AI?* 21 AMA Journal of Ethics 160（2019）.

28. Id.

29. Id.

30. Id.

31. Id.

第七章　刑　法

第一节　引　言

当个人的行为损害了社会的根本要素（foundational elements）时，传统上是会受到刑法的惩罚。正如通过杀人、绑架或者盗窃等案件所显示的，观念在于无论遭受损害的当事人是否得到赔偿，此类有害的行为都影响了整个共同体，从而拉响了社会警报。尽管刑事行为应当遭受惩罚，但是对犯罪行为的惩罚为什么被认为是具有合法性的，在过去几百年里则出现过几种不同的理由。一种动机是和《圣经·旧约》里的故事同样古老：个人应受惩罚，要么是作为一种报复（vengeance）的形式，要么是作为一种惩罚（retribution）性质，例如，以眼还眼。刑罚的另一项目标则是威慑（deterrence）。按照这一制度，罪犯受到惩罚的理由要么是威慑其不得再犯更多的错误，也就是特别威慑（special deterrence）；或者让个人不愿意试试此类犯罪，也就是说一般性威慑（general deterrence）。不仅如此，某些法律体系选择采取某种形式的复归社会措施（rehabilitation）：此处刑罚的目的是对实施过犯罪的个人进行再教育，例如1948年《意大利宪法》第27条所记载的原因便是明证。

惩罚手段合法的理由取决于让刑罚合法的两项条件。条件之一是法治的一项基本信条，归结起来就是"法不禁止即可为"。这一原则也是与豁免条款相关，在欧洲大陆被总结为合法性原则，亦即"没有法律就没有犯罪，没有法律就没有刑罚"（no crime，nor punishment without a criminal law，拉丁文 *nullum crimen nulla poena sine lege*）。尽管某些行为可能会被视为违反道德的行为，个人只能根据明确的刑事法律规范而就其行为被追究刑事责任。正如1950年《欧洲人权公约》第7条所规定的，"任何作为或者不作为根据行为实施当时的国内法或者国际法规定并不构成犯罪行为的，任何人不得因此就任何违反刑法的行为而被要求判定有罪"。[1]

刑法受人工智能应用影响的第二项关键性条件是涉及"公正审理"（fair trial）的概念。在美国，公正审理包括了刑事被告根据联邦宪法第六修正案拥有的若干权利，也就是说，对于刑事违法行为，享有下列权利：（1）在无不当迟延的情况下接受公开审理；（2）获得律师代理；（3）得到无偏私的陪审团审理；（4）了解谁是指控人、针对刑事被告提出的指控和证据的性质。[2]在《欧洲人权公约》的框架中，公正审理的概念在第6（1）条中具体化为"武器平等"（Equality of Arms）原则和第6（3）条规定的个人"最低限度的权利"，即及时获得告知，提供充分时间和设施为辩护作准备。

越来越多的学者争论人工智能技术是否以及在多大程度上可能会影响刑法的上述基本信条。这些学术讨论可以分为三类。第一类关注的是法院、公诉人、警方调查人员或者其他公共官员使用人工智能的行为将会如何影响刑事被告获得公正审理的权利。第二类关注的是合法性原则以及人工智能是否可能在刑法领域中造成漏洞，正如1990年代初期对"网络暴徒"（cyber-thugs）的豁免时所发生的情形。第三类考察的人工智能是否可以合理地分为可问责的刑事行为体（accountable criminal agent），从而刑事法律人的传统工具可以适用于他们。本章也相应分为四个部分。第二节关注的是人工智能和公正审理的原则；第三节考察的新一代的人工智能犯罪；第四节考察的是人工智能作为可问责的刑事行为体的情景；第五节是

分析的结语。

第二节　公平审理的原则

以人工智能技术辅助执法的目的，在刑法领域引发了三组不同的问题。它们分别是：（1）人工智能作为监控技术和在刑事调查中作为证据的收集工具[3]；（2）人工智能在司法决策过程中作为人类的替代者（human substitute）[4]；（3）人工智能在刑事案件作为公正审理原则的替代变量（proxy）。[5]

对于第一种情形而言，被告的保障和权利取决于他们的隐私和个人信息获得保护的权利。例如，在欧洲，《欧洲人权公约》第6条规定了获得公正审理的权利。根据《欧洲人权公约》第8条的规定，只能基于侵犯了个人的隐私和个人信息获得保护的权利时才能适用。根据欧洲人权法院的判例法，个人首先需要证明他根据《欧洲人权公约》第8条所享有的权利在刑事程序中受到侵犯，并且这些程序的结果已经影响了对他的定罪判决。[6]然后，根据《欧洲人权公约》第6条，被告"必须证明对证据收集过程中的此种干扰已经侵害了整个程序的公正性"。[7]在美国，公正审理的条件与保护个人的隐私和个人数据之间存在类似的重叠。正如本书第三章和第五章所强调的，个人关于证据收集的宪法权利可能主要取决于联邦宪法第四修正案的保障以及美国法律学者和法院所称的"对隐私的合理期待"（reasonable expectation of privacy）。我们可以发现，最高法院在这一领域的大多数判例，例如 Katz v. United States[8]、Kyllo v.

United States[9]、Jones v. United States[10] 和 Carpenter v. United States[11]，都是与保护刑事程序中的被告权利相关。

110

但是，人工智能技术的应用与刑事程序中的证据收集无关。人工智能可以在量刑和保释等司法决策过程中代替人类。本书第五章讨论数据保护时，就强调人工智能技术的应用提出了人类如何对数据进行有意义的控制和干预的问题。这是欧盟数据保护法对于《执法指令》第 11 条规定的"自动化个人决策"和获得事后解释的权利采取的进路。[12] 在美国，Loomis v. Wisconsin 案中也讨论了类似的问题。Loomis 主张，"法官考虑讼争软件的秘密算法所生成的报告，但是 Loomis 不能检查或者质疑该算法，这侵害了他所享有的正当程序权利"。[13] 本章中，我们暂且不去讨论法院不愿意认定人们对黑箱运行的算法所生成的证据拥有正当程序权利，但是我们感兴趣的是人工智能在"法官的考量"中所扮演的角色。法院判定，尽管 Loomis 案中的讼争算法始终是秘密的，甚至对于大多数的法律人来说也是无法理解的，但是对于任何"秘密算法"需要赋予多大的权重属于下级法院的裁量范围，人工智能只是法官在决策过程中需要考虑的"众多因素"之一。[14]

此外，还存在人工智能作为刑事程序中公正审理原则之替代变量的问题，也就是人工智能的应用将会如何影响法院的裁量。在 Loomis 案中，被告无法获悉风险评估程序的细节，因为该算法是受商业秘密的保护（参见第十章）。[15] 但是，考虑到联邦法院还将继续面对受人工智能影响的各类问题，该判例在美国法上还可能会被推翻。[16] 法院如何在刑事被告的正当程序诉求和人工智能风险评估的商业价值之间取得平衡，这一点还远未明朗。法院应当如何行使其裁量权，也没有什么指引："仅仅是鼓励法院对风险评估

111

的价值保持怀疑态度，并没有告诉法官对这些评估可以打多少折扣。"[17] 与人工智能相关的司法裁量存在的问题提出了"法官如何裁判"的四项不同问题。它们对应的是下列四种情形中的司法裁量：（1）算法始终保持秘密状态的情形，正如 Loomis 案；（2）数字取证（digital forensics）的情形，亦即法院对算法进行检查之时；（3）当事人或者法院认为没有必要对算法进行检查时；（4）需要在被告的刑事权利、隐私权保护与依据商业秘密法保护算法之间保持平衡的相关情形。[18]

在欧洲，类似案件取决于各个国家法律体系的裁量（和传统）。例如，意大利最高法院（the Italian Court of Cassation）在 2018 年裁定拒绝与人工智能系统的程序、代码或数据馈送相关的证据开示可能不构成违反"武器平等"（Equality of Arms）和公正审理的原则。相反，根据最高法院的看法，刑事被告应证明对此类程序、代码或数据的检查对于他们的辩护至关重要。[19] 如果被告证明对人工智能技术的检查与接受公正审理有关怎么办？

正如第七章所述，被告可以有权了解多少算法，以保护其获得公正审理的人权，在这一问题上，欧洲人权法院的判例法中没有像美国那样的先例。有些人认为算法透明这种一刀切的答案是决定性的[20]，还有些人则坚持其可解释性。[21] 但是，我们可以参照美国的先例，根据《欧洲人权公约》第 6（1）条对武器平等（Equality of Arms）原则进行解释。这意味着，当被告至少可以质疑输入算法的数据并且算法具有足够的准确性时，公正审理原则将得到满足。如果对该证据保密，根据欧洲人权法院的判例法，应当向被告充分披露，以使他们能够向"有权查看证据但不能告诉其委托人"的特别辩护人发出指示。[22]

根据美国法律可能作为商业秘密保护的证据，对其如何处理在欧洲仍然存在问题。正如上文所述，欧洲人权法院认为，侵犯《欧洲人权公约》第 6 条规定的权利的前提是侵犯了《欧洲人权公约》第 8 条的隐私权。这种进路给申请人施加了沉重的负担，此外，它没有考虑到无论最终是否违反了《欧洲人权公约》第 8 条，违反武器平等原则的行为如何运作。质疑人工智能处理个人数据的权利，不应取决于是否根据《执法指令》等法律文件的规定采用人工智能技术合法收集、处理和使用此类数据。保护隐私权和数据保护权确实可以加强——而不是取代——公正审理权。[23]

第三节 基于人工智能的新犯罪

传统上，刑事法律人会区分犯罪的物质要素（即犯罪行为，*actus reus*）和犯罪的人类心理要素（即犯罪意图，*mens rea*）。前者的重点是出于故意还是过失采取的犯罪行为或不作为，以确定不法行为者的行为和其他情况。后者的焦点在一系列心理前提条件，例如意识、自由意志和意图，以便将责任归咎于一方。通过考察人工智能对刑法的影响，我们必须区分两个部分重叠的问题，即人工智能是否可能引发新的犯罪行为从而影响罪刑法定原则（合法性原则），以及人工智能系统是否可以被认为是新的可以被问责的刑法行为体（犯罪意图）。关于我们是否以及在多大程度上应该扩展或修改现行刑法条款，最近的一篇文献综述提出了人工智能在该领域构成的五个可预见威胁领域。[24] 这些值得关切的问题包括：

（1）针对人身的犯罪，例如骚扰、谋杀或酷刑。[25]

（2）针对人身的特定类型的犯罪，例如性犯罪。[26]

（3）有害或危险的药物。具体包括贩运、销售、购买和持有违禁药物等犯罪行为。[27]

（4）商业、金融市场和破产。该领域的实例涉及人工智能参与卡特尔犯罪，例如固定价格和共谋、市场操纵和内幕交易（参见第十章）。[28]

（5）盗窃和非公司欺诈，以及通过例如机器学习技术进行的伪造和冒充身份（personation）。[29]

为了解决人工智能辅助的新型犯罪，学者们提出了几种解决方案，包括监控或限制人工智能系统的自主性或应用。[30]此外，我们可能需要了解人工智能辅助的新型犯罪在多大程度上会利用刑事法律体系中的漏洞。学者们广泛讨论了人工智能对卡特尔犯罪和公司欺诈、反垄断和默示共谋（tacit collusions）等方面的影响。[31]此类商业法和公司法问题有个有趣的对应的刑法问题。[32]我们可以以Aging Analytics UK 开发的机器人 Vital 为例（参见第四章）。2014年，Vital 被日本风险投资公司 Deep Knowledge 任命为董事会成员。选择该机器人是因为它能够预测成功的投资并检测"对人类来说不是立即显而易见的"市场趋势。[33]考虑到人工智能可以对与年龄相关的疾病的治疗作出决定，在可预见的未来，将关键的认知任务委托给自主性的人工智能体的人数可能会成倍增加。然而，人工智能可能会作出错误的决策，导致公司资本增加不足，进而导致公司欺诈性破产——在这种情况下，人工智能应该在什么层面上负责？

在刑事律师的思考过程中，上述情景导致了是使用传统的过失犯罪还是新的涉及公司责任的犯罪的问题。至于人类的过失犯罪，由于人工智能的错误评估导致公司欺诈性破产，根据机器人的评估，人类有可能承担破产犯罪的责任。然而，对于无意从事欺诈的董事会成员来说，就不存在欺诈的心理构成要件。因此，公司以及最终由承担刑事责任的人工智能系统似乎是唯一可以被指控犯有破产欺诈罪的应受惩罚的当事人。然而，这意味着大多数大陆法系的国家，例如德国或意大利，都需要修改其宪法，因为在这些国家的法律体系中，刑事责任是严格的人为的，即"个人的"责任。[34]

立法者对技术创新引发的有罪不罚（impunity）情况的反应当然由来已久。19世纪90年代，新的电力盗窃罪名确立，一百年后，计算机、信息通信技术（ICT）网络的某些应用又引发了新的犯罪。自20世纪90年代初以来，各法域开始修改其法律，将新型计算机犯罪纳入其中，例如意大利1993年第547号法律（Law No. 547/1993），以及从2001年开始通过《布达佩斯公约》的一般性条款将此类法律经验正式化的国际立法。类似的事情可能发生在新一代人工智能犯罪中。我们可以利用James Moor所说的计算机的"逻辑延展性"（logical malleability），进而利用机器人和人工智能系统的"逻辑延展性"，让刑法适应人工智能的发展。考虑到人工智能的灵活性，我们可以"塑造机器人和人工智能系统，以从事输入、输出和逻辑操作的连接为特征的活动"[35]，人工智能犯罪新场景的唯一限制是人类的想象力。

第四节　新的罪犯

法学学者加布里埃尔·哈莱维是新一代人工智能犯罪心理（criminal minds）理论的倡导者。[36] 根据第四章的讨论，他的立场属于"相信者"（Believer），认为人工智能可以"意识到"并满足刑事律师将其视为故意和过失犯罪的心理要求。[37] 撇开本节中机器人不会作为被告接受审理这一事实不谈，我们仍然想提请注意这篇关于人工智能犯罪人格的论文的变形。关于这一问题，拉焦亚（Lagioia）和萨托（Sartor）认为，认知和意识、意志和意图或理性的回应性可以以对当前刑事律师有意义的方式归因于人工智能系统，尽管我们并不需要按照哈莱维主张的方式参考与人类相似的属性。[38]

在我们看来，人工智能可以进行道德和法律推理，也就是说，人工智能可以同时具有规范架构和"代表规范和/或价值观并以此推理（知识表示和推理）的能力"。[39] 相应地，人工智能可能具有某种形式的"犯罪人格"，因为它们可能成为刑法规范所确立的义务和制裁的有意义的目标，"而不假设或暗示人工智能系统应该有任何其他的法律义务或权利"。[40] 这种法律地位不应与法律人格一章中讨论的完整的法人地位相混淆，也不应与哈莱维关于人工智能的类人意识及其刑事相关性的假设相混淆。相反，根据人工智能系统的犯罪人格的这种观点，拉焦亚和萨托声称人工智能可以采取行动应对法律判决的威胁，例如"类似于对人类的制裁措施（例如罚金）或应对不同类型的制裁（例如恶意 AI 系统的重新编程）"。[41] 此外，此类可以被要求承担刑事责任的人工智能系统不应享有其自身的任何权利，例如公平审判和正当程序的任何权利，因为此类人工智能实体只会是"刑法上的义务承担者"（duty-bearers under criminal law）。[42]

然而，对自身不具有权利的人工智能而言，有关其刑事责任的这种解释提出了两个主要问题，第一个是技术问题。甚至拉焦亚和萨托也承认，"基于威慑和社会复归（rehabilitative）的理由，先进的人工智能系统受到刑事制裁并非不可能，但是这种观点更多地属于未来的讨论"。[43] 人工智能当前的意识和自主性水平有时可能足以在合同之债和公司法领域产生相关影响，可以说不足以让人工智能在刑事法庭上被判定有罪。传统上，对犯罪行为的问责与行为体的道德责任概念和应受责备的概念是相互交织的。刑事被告人应当接受普通的道德评估程序，以确定他们是否依法有罪。我们可能远未达到具备意识和道德理解等必要条件的人工智能技术（参见第十一章）。

第二个问题与索拉姆的"理性选择"和"经验证据"论点有关。[44] 学者们广泛讨论了人工智能行为的道德评估，即对人工智能作为善抑或恶之源的道德评价，正如讨论人工智能在公司法和商法中作为可被问责（accountable）的行为体的地位一样。尽管人工智能缺乏意识或情感，但是人工智能确实可以代表人类审查（human censorship）的有意义的目标。[45] 一旦人工智能技术的设计、销售或供应被认为是不道德或非法的，我们就有理由监控和修改此类人工智能，将其移至网络空间的断开部分，甚至考虑将其消灭，即删除而不做备份。[46] 然而，我们目前尚不清楚，人工智能作为可被问责的刑事行为体的法律地位，将如何补强（complement）人工智能作为道德理论中以及合同和公司法中的可被问责的行为体的地位。关于人工智能作为善抑或恶之源的问题，刑法上有关人工行为体的犯罪行为的人类责任的规定似乎已经足够了。当且仅当人工智能的新法律地位将有助于法律体系改进现行的规定，亦即"对人工智能系统的犯罪行为的规定可能有助于有效防止其实施有害行为"时，人工智能作为刑法领域的可被问责的行为体之地位才有意义。[47]

对于赋予人工智能以刑法人格的倡导者来说，没有资产就没有人工智能刑事责任。正如本节前文所强调的，人工智能资产能否在合同法和公司法领域所涉及的不同人权和利益之间取得平衡，仍然是开放性的问题。人工智能学说的进一步扩大问责制如何提高刑法领域的效率也存在争议。目前尚不清楚人工智能的刑法人格如何通过商法和公司法上的罚款和扣押手段来支持当前关于可被问责的人工智能的提议，从而加强对人类的保护。这样的罚款和扣押措施将不必要地依赖于复杂的测试以分析人工智能系统的犯罪意图（mens rea）。我们需要证明人工智能有能力体现刑法规范，并且依照刑法规范进行推理，但是有意或者无意地选择违反规则。如果这是实情的话，人工智能的犯罪人格将不仅是要在合同或侵权诉讼当事人之间取得平衡，而且是为新的社会契约（social covenant）奠定基础，人类在其中无论公正审理的原则如何，都可以保护自己免受人工罪犯（artificial criminals）的侵害。根据拉焦亚和萨托的说法，人工智能实际上是"刑法上的义务承担者"，没有自己的权利。[48]

只有行为体具有刑法上的道德理解并准备接受根据法律规定确定此类人工智能是否有罪的评估过程，人工智能的刑事保障很可能才有意义。这样的解决方案意味着，根据相信者（believer）的立场（见关于人格的章节）[49]，人工智能应当拥有获得及时告知，并有足够的时间和设施准备自己的辩护，可以由律师（或另一个人工智能系统？）代理，正如获得公正陪审团审理的权利以及了解所收集的对其不利的证据以及谁是原告（例如人类或其他人工智能系统）的权利。

正如第四章所述，没有人知道这种情景会如何结束。战士机器人可以被分配给军队，并被赋予独立的权力来打击目标和计算可接受的附带损害（collateral damage）——即使违反国际人道主义法——就像人工智能可以在人群中执行执法任务一样，充当法官、陪审员、狱卒，甚至刽子手。在这种情况下，大多数国家建立的法律体系不是为了惩罚人工智能系统，或者以其他方式追究其不法行为的责任。有的人建议将包括死刑在内的刑法整体适用于人工智能。[50] 还有的人则建议在该领域适用更严格形式的人工智能法律人格。[51] 我们建议，商法和公司法上的人工智能问责形式可能是处理复杂人工智能生态系统中的责任（liability）和职责（responsibility）分配问题的首个必要步骤。[52] 毕竟，人工智能的刑事责任如果要有实效，首先在于其资产。

第五节　结　语

本章研究了人工智能对刑法学说的影响，将所遭遇的挑战分为三组。第二节讨论了人工智能技术的使用如何影响刑事被告获得公正审理的权利。第三节研究了人工智能如何可能导致新型犯罪而给合法性（罪刑法定）原则带来冲击。第四节考虑了人工智能系统是否应该被视为一种新的可被问责的刑事行为体。

总而言之，法院、检察官或警察调查人员对人工智能技术的使用将使既有的刑法原则日益受到压力。正如第二节所讨论的，在美国，法院应如何行使与人工智能有关的裁量权并不明确；但是，在欧盟法律中，根据《欧洲人权公约》第6条第1款，人工智能如何影响武器平等原则仍然是个开放性的问题，无论是否存在侵犯了该公约第8条规定的个人的隐私权。许多学者对这些倡导算法透明度的问题提出了一种放之四海而皆准的答案；或者，至少，它们具有可解释性。本章主张对可能被视为秘密的证据和专家证词采取更细致的立场，以便在刑事被告的权利与国家安全法、商业秘密法等法律对算法的保护之间取得平衡。此外，涉及人工智能的技术解决方案可能会越来越有助于实现适度平衡。[53]

人工智能和刑法面临的第二个挑战涉及新型人工智能犯罪的可

能性。第三节讨论了此类犯罪的犯罪行为，例如性犯罪、违法贩运违禁药物、市场操纵，或公司和非公司欺诈。有人强调人工智能给刑法带来的新情景可能属于当今刑事立法的漏洞。各国很可能会开始修改自己的法律，国际立法将为人工智能和刑法问题提供一个一般性的框架。新型人工智能犯罪确实可以遵循与 20 世纪 90 年代初发现的传统的计算机犯罪相同的模式。

最后，人工智能作为刑法上有意义的目标，其犯罪意图（mens rea）是与法律和人工智能高度相关的话题。人工智能的法律地位取决于规范和价值观如何嵌入到人工智能系统的规范架构中，从而使其能够回应道德和法律推理。虽然这些条件可以满足，但是我们离人工智能在刑事诉讼中满足传统的法律要求还很远，比如被告人的意识和道德理解。对人工智能进行刑事问责，对于当前关于人工智能在公司法和商法中的权利和义务的辩论有何影响，是个疑难而且具有挑战性的问题，尤其是关于人工智能体的犯罪意图。然而，正如刑事调查人员所建议的那样，我们应该首先关注资金，注意人工智能的资产在哪里。

注释

1.《欧洲人权公约》第 7（2）条这一保留条款（savings provision）规定："对于任何人所实施的、根据文明国家承认的一般法律原则属于犯罪的任何作为或不作为，本条不应妨碍对其进行审理和惩罚。"该条款的目的是调整针对纳粹的纽伦堡审判之类的特殊情况。

2. 公平但有效的审判之特点和要求往往与对民众隐私和个人数据的保护存在重叠：参见本书第五章的讨论。我们在本章第二节会接着讨论隐私权和正当程序之间的互动关系。

3. See U. Pagallo, *Online Security and the Protection of Civil Rights: A Legal Overview*, 26 Philosophy & Technology 381（2013）.

4. See U. Pagallo and S. Quattrocolo, "The Impact of AI on Criminal Law, and

its Twofold Procedures," in W. Barfield and U. Pagallo（eds）, *Research Handbook on the Law of Artificial Intelligence*, Edward Elgar Publishing, Cheltenham, UK and Northampton, MA, USA 2018, p. 385.

5. See U. Pagallo, "AI and Bad Robots: The Criminology of Automation," in M.R. McGuire and T.J. Holt（eds）, *The Routledge Handbook of Technology, Crime and Justice*, Routledge, London and New York 2017, p. 643.

6. See ECtHR's Grand Chamber, *Gäfgen v. Germany*, 1 June 2010, at 179–180.

7. See U. Pagallo and S. Quattrocolo, "The Impact of AI on Criminal Law," *supra* note 4, p. 393.

8. *Katz v. United States*, 389 U.S. 347（1967）.

9. *Kyllo v. United States*, 533 U.S. 27（2001）.

10. *Jones v. United States*, 565 U.S. 400（2012）.

11. *Carpenter v. United States*, 585 U.S. _（2018）.

12.《执法指令》提及 "主管机构（competent authorities）为预防、调查、侦查或起诉刑事犯罪而处理个人数据"。See U. Pagallo, *Algo-Rhythms and the Beat of the Legal Drum*, 31 Philosophy & Technology 507（2014）.

13. See Adam Liptak, *Sent to Prison by a Software Program's Secret Algorithms*, New York Times, 1 May 2017.

14. See *State v. Loomis*, 881 N.W. 2d. 749（Wis. 2016）.

15. Id.

16. 例可参见, *Houston Federation of Teachers Local 2415 et al. v. Houston Independent School District*, Case 4:14-cv-01189, 17。有关该案的讨论, 参见 J. Turner, *Robot Rules: Regulating Artificial Intelligence*, Palgrave MacMillan, London 2019, p. 360。

17. See the case comment, *supra* note 14, at 1534.

18. 关于数字取证分析, 尤其是在移动设备领域, 参见 G.B. Satrya, P.T. Daely, and S.Y. Shin, "Android Forensics Analysis: Private Chat on Social Messenger," in *Eighth International Conference on Ubiquitous and Future Networks (ICUFN)*, IEEE, Vienna 2016, p. 430。

19. See the ruling of the Sixth Section of the Italian Cassazione penale, 27 November 2018, no. 14395.

20. See P. De Hert and S. Gutwirth, "Privacy, Data Protection and Law Enforcement: Opacity of the Individual and Transparency of Power," in E. Claes, A. Duff, and S. Gutwirth（eds）, *Privacy and the Criminal Law*, Intersentia, Antwerp and Oxford 2006, 61, 104; M. Hildebrandt and M. de Vries, *Privacy, Due Process and the Computational Turn*, Routledge, London 2013.

21. See L. Floridi, J. Cowls, M. Beltrametti, R. Chatila, P. Chazerand, V.

Dignum, C. Luetge, R. Madelin, U. Pagallo, F. Rossi, B. Schafer, P. Valcke, and E. Vayena, "AI 4 People: An Ethical Framework for a Good AI Society: Opportunities, Risks, Principles, and Recommendations," Minds and Machines, 28, 689, 2018.

22. See J. Turner, *Robot Rules*, *supra* note 16, p. 344.

23. See U. Pagallo and S. Quattrocolo, "The Impact of AI on Criminal Law," *supra* note 4, p. 396.

24. See T.C. King, N. Aggarwal, M. Taddeo, and L. Floridi, "Artificial Intelligence Crime: An Interdisciplinary Analysis of Foreseeable Threats and Solutions," *Science and Engineering Ethics*, February 2019, p. 1.

25. J.F. Archbold, *Criminal Pleading, Evidence and Practice*, Sweet & Maxwell Ltd, London 2018, ch.19.

26. Id.

27. Id, ch. 27.

28. Id, ch. 30.

29. See T.C. King et al., "Artificial Intelligence Crime," *supra* note 24.

30. Id, at section 4.

31. See M.E. Stucke and A. Ezrachi, "Antitrust, Algorithmic Pricing and Tacit Collusion," in W. Barfield and U. Pagallo (eds), *Research Handbook on the Law of Artificial Intelligence*, Edward Elgar Publishing, Cheltenham, UK and Northampton, MA, USA 2018, p. 624.

32. See U. Pagallo, *When Morals Ain't Enough: Robots, Ethics, and the Rules of the Law*, 27 Minds and Machines 625 (2017).

33. See U. Pagallo, "AI and Bad Robots," *supra* note 5.

34. 参见本书第四章。

35. See J.H. Moor, *What Is Computer Ethics?* 16 Metaphilosophy 266 (1985).

36. See above Chapter 4.

37. See G. Hallevy, *Liability for Crimes Involving Artificial Intelligence Systems*, Springer, Dordrecht 2015, pp. 91, 99; Woodrow Barfield, *Liability for Autonomous and Artificially Intelligent Robots*, 9 Paladyn: Journal of Behavioral Robotics 193 (2018).

38. See F. Lagioia and G. Sartor, "AI Systems under Criminal Law: A Legal Analysis and a Regulatory Perspective," *Philosophy & Technology*, August 2019, p. 1; and M.R. Endsley, "Theoretical Underpinnings of Situation Awareness: A Critical Review," in M.R. Endsley and D. Garland (eds), *Situation Awareness Analysis and Measurement*, Lawrence Erlbaum Associates, Malwah 2000, p. 3.

39. See F. Lagioia and G. Sartor, "AI Systems under Criminal Law," *supra* note 38.

40. Id.

41. Id.

42. Id.

43. Id, pp. 4 and 46.

44. See L.B. Solum, *Legal Personhood for Artificial Intelligence,* 70 North Carolina Law Review 1264（1992）.

45. See U. Pagallo, *The Laws of Robots: Crimes, Contracts, and Torts*, Springer, Dordrecht 2013, p. 39.

46. See L. Floridi and J. Sanders, *On the Morality of Artificial Agents*, 14 Minds and Machines 349（2004）.

47. See F. Lagioia and G. Sartor, "AI Systems under Criminal Law," *supra* note 38.

48. Id.

49. See G. Hallevy, *Liability for Crimes Involving Artificial Intelligence Systems*, *supra* note 37.

50. Id.

51. See F. Lagioia and G. Sartor, "AI Systems under Criminal Law," *supra* note 38.

52. 参见本书第四章。

53. 一个例子是所谓的"零知识证明"（zero-knowledge proof），即加密工具允许证明实际使用的决策策略（decision policy）具有某些属性，而无需披露决策策略是什么。这种工具似乎支持被告对定罪证据的准确性提出质疑，而并不必然意味着披露代码并因此重写代码。See J.A. Kroll, J. Huey, S. Barocas, E. Felten, J.R. Reindenberg, D.G. Robinson, and H. Yu, *Accountable Algorithms*, 165 University of Pennsylvania Law Review 23（2017）. 然而，此类系统的前提是算法过程从一开始就被设计为具有该功能。更多评论，参见 U. Pagallo and S. Quattrocolo, "The Impact of AI on Criminal Law," *supra* note 4。

第八章 著作权法

第一节 引 言

考虑到人工智能生成物并不是传统意义上的"作者"和"发明人"的产品，人工智能的发展已经引发人们对于著作权法或者专利法上如何对待人工智能生成物的讨论。例如，当人工智能被用于生成文学、艺术或者音乐时，算法可以生成传统上获得著作权保护的作品，但是没有人可以参与这种作品的创作。不仅如此，创作该作品或者发明的算法，可能本身是专有的（proprietary），受到商业秘密法的保护，而这考虑到缺乏透明度，使得涉及人工智能的案件产生巨大的挑战。在总结当代众多学者的观点之后，法律教授安妮玛丽·布里迪得出的结论是，"随着人工智能和相关领域仍在继续发展……我们正在逐步迈进，但是确定无疑地将要进入数字创作（digital authorship）的时代，即数字作品（digital works，例如软件程序）将会相对自主地产生与由人类创作的作品无法区分的其他作品"。[1] 本章将在知识产权法，特别是著作权法的背景下讨论人工智能创作的作品。下一章则将讨论专利法对人工智能的意义。

1.1 人工智能的署名权问题

人工智能程序谱曲、写诗甚至写出原创的小说，这样的例子已经大量出现。[2] 如果满足法定的要求，这些具有创作性（creativity）的例子可以被视为著作权法上的具有作者权的作品。赋予知识产权保护的重要问题是确定谁是人工智能生成作品的作者？确定谁应当是人工智能生成作品的著作权人，这一问题是重要的，因为根据现在的著作权法，如果没有人可以被确定是作者，那么人工智能生成的作品将会是属于公共领域（public domain）[从而影响是否在第一时间利用人工智能创造具有作者权的作品（works of authorship）]。有些理由可以说明为什么我们现在难以——如果不是绝对不可能——对人工智能实体赋予著作权。例如，在美国，法律学者帕梅拉·萨缪尔森（Pamela Samuelson）在 1986 年认为，计算机还没有被视为作者，将来也不应该被视为作者，因为它们并不需要受到激励才会去创作。[3] 拉尔夫·克利福德（Ralph Clifford）在 1997 年认为，因为计算机程序不可能成为制定法规定意义上的"作者"，计算机生成的作品也是不能获得著作权保护的。[4] 到了 2012 年，安妮玛丽·布里迪认定，美国著作权制度不能赋予"不具有法律人格的"计算机程序以拥有著作权的资格。[5] 正如我们将在下文详细讨论的，布里迪建议采用法律拟制的职务作品原则以避免由机器创造的可获得著作权的材料相关的概念争议。

在考虑是否赋予知识产权时，重要的是考虑人工智能如何创作该类权利标的（subject matter）。王迁教授将人工智能的内容描述为"应用算法、规则和模型（templates）的产物"，而人工智能的学习过程是"寻找和确定规则的过程"。[6] 王迁认为，与人类的创作者相比，人工智能在生成具有赋予著作权之意义的内容时遵循的是完全不同的原理（rationale）。[7] 例如，就基本的著作权要求，也就是独创性要求而言，如果每次在使用算法时得出的都是相同的结果，那么无论人工智能生成的内容看上去多么富有"创作性"，它都可能被著作权法视为"非原创的"，因为其输出是确定的（也就是说，被所采用的算法所预先确定了）。[8] 即使是由深度学习技术（例如神经网络）生成的内容，这些技术也源自使用数据训练算法以产生"最佳结果"的过程。因此，如果使用相同的算法来分析同一组数据，并且每次使用该算法的结果都是相同的，那么可以说，根据《著作权法》的合并原则（merger doctrine），并不存在可受著作权保护（copyrightable）的标的物。根据合并原则，如果某一思想及其表达如此紧密地联系在一起，以至于该思想和它的表达是一体的，并且只有一种可以想象的方式或非常有限数量的方式在作品中表达和体现该思想，则思想的表达是不受著作权保护的。[9]

对人工智能生成的作品赋予著作权的另一项挑战是，不同法域的著作权法没有专门立法来保护完全由人工智能创作的作品，也没有任何现行的著作权立法直接提及人工智能创作的作品。考虑到著作权法和人工智能的关系，各国版权局都有自己的方法来确定创作作品（creative works）的作者或所有者，并在创作作品符合著作权立法规定的条件时提供著作权保护。例如，在澳大利亚，根据 1968 年《著作权法》（the Copyright Act of 1968）第 35 条，"文学、戏剧、音乐或艺术作品的作者是作品中存在的任何著作权的所有者"。[10] 尽管澳大利亚《著作权法》没有对"作者"作出定义，但该法第 35（5）条规定，作品的"作者"只能是创作艺术品的"人"。澳大利亚《著作权法》中提到的几乎（与作者权有关的）所有条文都将"作者"描述为"人"。因此，澳大利亚《著作权法》只将人类确定为创作作品的作者和所有者，而将人工智能排除在作者之外。

在欧盟，多部指令涉及著作权问题，但是这些指令都没有直接提到人工智能（尽管在某些情况下，提到了计算机程序）。欧盟

158

《软件指令》《术语指令》和《数据库指令》明确提到了著作权的署名权。《软件指令》和《数据库指令》对署名权问题采取了宽泛的规定方式，并将授予著作权方面的广泛裁量权交给成员国。具体来说，《软件指令》第2（1）条和《数据库指令》第4（1）条允许成员国将计算机程序或数据库的作者定义为创建它的自然人或自然人群体。[11] 此外，欧盟的法律体系以欧盟最高法院（CJEU）的判例法为基础。因此，与美国著作权法一样，欧盟对智能机器/软件创作的作品的署名权问题所采取的方法在某种程度上是基于法院判决的结果。借鉴欧盟最高法院的判例法及其对符合著作权保护条件的作品的定义，我们可以说，在欧盟法律中，为了给予著作权保护，需要某种形式的人类作者。[12]

1988年《英国著作权、设计和专利法》(the Copyright, Designs and Patents Act of 1988）讨论了计算机创作作品的署名权和所有权。该法第9（3）条详细规定："在计算机生成的文学、戏剧、音乐或艺术作品的情况下，作者应被视为为创作作品提供必要安排的人。"[13] 因此，计算机创作作品的署名权和所有权将授予为机器创作作品创造必要环境的人。在这种情况下，即使自主机器独立完成了绘画作品的创作，该绘画作品的作者也将是提供数据库或者发出指令，以及明确用色或艺术风格等期待的人。

根据《美国著作权法》(17 U.S.C. §102（a））的规定，著作权的标的物是"固定在任何有形表达媒介中的原创作品，现在已知或以后开发，它们可以以直接或者借助机器或设备的方式从中被感知、复制或以其他方式传播"。尽管《美国著作权法》对计算机程序给予保护（即计算机程序显示的表达是受著作权保护的客体），但是美国法律否认对自主机器创作的作品的保护，并要求创作性作品只有当它是由人类创造时才具有著作权。具体而言,《美国版权局实践纲要》(the Compendium of U.S. Copyright Office Practices) 第313.2节详细说明"要满足'具有署名权'的作品之资格,作品必须由人类创作"和"版权局不会登记由随机或自动运行,无需人类作者任何创作性输入或干预的机器或机械流程生成的作品"。[14] 这些规则反映了美国立法者的想法,即任何由机器生成的作品都不能被视为创作性作品,因为没有人类的创作性输入。

1957年《印度著作权法》(the Copyright Act of 1957) 第2 (d) 节在若干受著作权保护的作品中定义并举例说明了"作者"(author) 一词,但并未提及作者的法律人格。相比之下,该法第17节规定了当作品是根据政府和国际组织等"拟制人"的服务或雇佣合同制作时,著作权归属的不同情形。该法第2 (d) 节中没有规定任何拟制人格,这表明只有自然人才能作为作者受到该法保护。[15] 此外,根据《日本著作权法》第14条仅提及"人"。兹抄录如下:

> 在向公众提供或展示作品时,以通常的方法在作品原件中以其姓名或称谓(以下简称"实名")或其公众所知的雅号、笔名、略称或其实名的其他代替方式(以下简称"变名")作为作者名字使用的,应当被推定为该作品的作者。[16]

第二节　著作权判例

本节将简要分析来自不同法域的精选案例,这些案例涉及智能机器或软件创作的作品的著作权问题。在某种程度上,不同法域的法院已经审理了由软件程序和智能机器在没有人为干预的情况下生成之作品的非人类的署名权和著作权归属问题。[17] 正如上节所述,澳大利亚著作权法将"作者"确定为"人",并且作品署名权和著作权应当归属同一人。澳大利亚的具体案例已经证明了机器生成的作品与存在"人类作者"的要求之间的关系。澳大利亚的联邦法院在 Dynamic Supplies Pty Ltd. v. Tonnex International Pty Ltd.[18](援引 IceTV Pty Ltd. v. Nine Network Australia Pty Ltd.[19])这起判决中,指出,"作者的技能应用和劳动付出,有助于确定作品表达的独创性"。[20] 从该判例来看,澳大利亚人普遍接受的立场是,作者是"让著作权作品以其物质形式存在的人"[21]。一般来说,"人"被认为是"自然人",法律上也没有涉及智能机器的规定。此外,在 Acohs Pty Ltd. v. Ucorp Pty Ltd. 中,澳大利亚联邦法院考虑了源代码是否能够受到著作权保护,因为数据的原始输入是机器生成的,而不是人类输入或工作的对象。[22] 在这种特殊的事实情景中,澳大利亚法院认为,源代码中不存在著作权,因为它不是单独由人类创作的。[23]

在美国,在机器生成作品的著作权保护方面,《美国版权局实践纲要》最近的规定是基于不同法院对非人类创作成果的署名权和著作权归属问题作出的不同案件裁决。《美国版权局实践纲要》第306 节和第 313.2 节规定,"作品必须由人类创作,才能行使'署名权'"。这一表述与 Burrow-Giles Lithographic Co. v. Napoleon Sarony 案的开创性判决一致。在该案中,最高法院宣布"我们毫无疑问地认为,到目前为止,宪法的规定足够宽泛,可以涵盖赋予照片以著作权的法律,因为它们体现了作者独创性的智力构思(intellectual conception)"。[24] 它详细说明,如果创作作品由其作者的"独创性的智力构思"组成,则其可以获得著作权保护。此外,2016 年最高法院在 Naruto v. Slater 案中,否认了动物的署名权(关于自拍作品），并补充说"最高法院和第九巡回法院在分析该法规定的署名权时已经多次提到'人'或'人类'"。[25]

正如本章所强调的，欧盟最高法院作出的不同案件判决表明，艺术品必须满足一些基本要求才能具备著作权保护的资格。例如，与其他法域一致，在欧盟，创作成果必须根据立法归类为保护客体，但是最近的一些判例法似乎对这一要求在多大程度上可以适用提出了质疑，因此这是一个不断发展的法律领域。此外，就著作权客体而言，人工智能无法产生能够独立于人类而享有权利的客体。此外，有些人认为，人工智能的创造力是由其设计师"教授"的，因此人工智能生成作品的著作权应该归人工智能的设计者所有。

Painer v. Standard Verlags GmbH[26] 处理的是著作权和客体问题，法院所作的分析与法律和人工智能的讨论相关。在此，法院认为，作品只要要求作品是原创的，就符合版权保护的条件，而不是要求它也属于特定的版权保护客体。[27]Painer 是名自由摄影师，她在工作过程中为特定主题拍摄了几张照片——选择背景、确定姿势和面部表情，然后制作和冲洗这些照片。但是，在一起刑事案件中，奥地利警方使用了原告的照片，一家奥地利和四家德国出版商在报纸和网站上发布了这些照片，但是没有注明摄影师的姓名。Painer 诉称这些照片侵犯了她的版权，并向奥地利法院申请命令出版商立即停止复制和／或传播包含她所拍照片的材料，因为发布者发布这些材料时未经她的同意，也没有标明她是作者。奥地利维也纳商业法院（Handelsgericht Wien）向欧盟最高法院咨询欧盟法律是否赋予肖像照片较弱的版权保护，因为它们是"现实图像"，所以艺术自由度是有限的。此外，奥地利维也纳商业法院还试图确定在哪些条件下，媒体可以在未经摄影师同意的情况下使用此类照片进行刑事调查。该法院（第三分庭）裁定内容部分如下：

（1）1993年10月29日发布的有关协调著作权和特定相邻权的保护期限的欧洲理事会指令（Council Directive 93/98/EEC）的第6条应当被解释为如果成员国法院在每起案件中确定肖像照片是作者的智力创作，反映了他的个性，表达了他在照片制作过程中的自由和创作性选择，那么此种肖像照片就可以受到版权保护。由于法院已确定涉案肖像照片为作品，其受保护程度不弱于任何其他作品，包括其他摄影作品。

（2）《著作权指令》的第5（3）（d）条，考虑到该指令第5（5）条的规定，应当被解释为意味着其应用有义务说明来源，包括所引用的作品或其他受保护客体的作者或表演者。但是，在适用《著作权指令》第5（3）（e）条时，如果未指明作者或者表演者的姓名，仅指明来源，则该义务必须被视为已履行。

此外，欧盟最高法院在各种情况下，特别是在其具有里程碑意义的 Infopaq International A/S v. Danske Dagblades Forening 判决中[28]，宣布著作权仅适用于原创作品，并且独创性必须反映"作者自己的智力创造"[29]。这通常可以理解为意味着原创作品必须反映作者的个性，这意味着人类作者对于版权作品的存在是必要的。也就是说，按照欧洲法院的判决，作品需要"个人风格"才能获得版权保护。[30] 事实上，对不同法域的案例分析表明，著作权法要求必须有"人"（person）或"自然人"（human）作为创作作品的作者或所有者，才能授予版权。

尽管上述精选案例和成文法表明，必须确定一个人才能获得作者作品的版权，但从1985年左右至今，在法学界仍然存在关于由智能机器/软件生成的作品之署名权依然众说纷纭。著作权法专家帕梅拉·萨缪尔森教授认为，"赋予用户以权利是……最可行的解决方案，也是最不可能导致诉讼的解决方案，〔并且〕还支持将用户识别为计算机生成作品的明确且唯一的所有者"。[31] 此外，卡林·赫里斯托夫（Kalin Hristov）在讨论机器创作作品的署名权时，指出此类作品的署名权应授予配备人工智能的设备的程序员和所有者。[32] 克里斯蒂娜（Christina Campbell）在她最近讨论人工智能的法律文章中认为，"事实上，人工智能的署名权问题可能更像是对人类意味着什么以及我们对该分类设置什么界限的哲学探究"。[33] 她提出了以下问题："如果我们允许非人类实体分享相同的知识产权，这对我们对人的境况（human condition）的意义意味着什么？此外，规范人类行为的法律如果也规范非人类行为，又将意味着什么？"[34] 类似地，虽然法律学者对机器生成作品的署名权和所有权方面存在众多争议，意见不一，但是几乎所有的观点都支持向机器或软件的创造者而非人工智能实体赋予所有权。此外，有些人表示，由人工智能创作而没有可辨别的人类作者的作品应该被考虑进入公共领域。[35] 赫里斯托夫评论说，美国版权局否认非人类作品的著作权并将其归入公共领域，迟迟没有承认人工智能在创作过程中的重要性。[36] 他指出，将独立生成的人工智能创作作品归入公共领域存在巨大的弊端，因为没有确定的保护期，人工智能机器的开发者没有切实的积极性去继续创造、使用和改进他们机器的能力。因此，即使程序员和他们所效力的公司投入了大量的时间和金钱用于创造人工智能机器，在大多数情况下，他们也无法享受著作权保护或与之相关的经济利益。

第三节　著作权的独创性标准

独创性的概念与作者作品是否受到著作权保护有关，因此对法律和人工智能至关重要。对作者作品之独创性的理解因国家而异。美国和欧盟著作权法对独创性的要求都很低，以至于法院仅在极少数情况下裁定计算机程序独创性不足（从而没有资格获得著作权保护）。但是，虽然独创性标准很低，但它仍然存在。特别是，著作权法强调可能会受到著作权保护的是程序员对某些功能的表达，而非功能本身。如果软件体现了表达其底层功能的唯一方式（或极少数方式之一），则该代码将被认为是非原创的，因为该表达与功能密不可分。类似地，如果程序的表达完全是由实际或技术考虑，或其他外部约束决定的，它也将被认为是非原创的。如上所述，算法表达的替代方案数量有限，因此实现全新算法的代码可能不受著作权保护。同时，与其他现有程序的运行相似的代码，如果该代码的利用可以导致原创性表达，则该代码可能具有著作权。如果程序的表达（但不是思想或功能）来自公共领域或其他现有代码，则该程序也可能被视为非原创。

131

在英国，独创性与作品是否具有属于发明、具有新颖性或独特性无关，重要的问题是作品是否来自作者，而不是从其他地方复制而来。具体而言，作者必须在创作作品时运用了必要的"劳动、技能或努力"。这就是著作权法中阐明的所谓的"额头流汗"（Sweat of the Brow）原则。[37] 但在欧盟，欧盟法院审理了解释《著作权指令》的 Infopaq 案之后，"额头流汗原则"受到质疑。Infopaq 的判决书确立的内容包括：（1）数据捕获过程（data capture process）中发生的行为属于《著作权指令》第 2 条所规定之复制概念的一部分，如果复制的元素是其作者智力创造的表达；并且（2）在数据捕获过程中打印出文字摘录的行为不符合欧盟采用的独创性标准的条件，该标准要求作品必须是"作者自己的智力创造"，而不仅仅是"劳动、技能或努力"的作品。[38] 根据欧盟最高法院的先例，这些规定要求作者用自己的"个人风格"为作品打上烙印，这是比"额头流汗"原则更高的要求。同样，在美国，独创性标准要求作品应被视为原创，并且至少包含某种最低程度的创作性。[39]

在中国，根据《著作权法实施条例》第 2 条的规定，"作品"是指文学、艺术和科学领域内，具有独创性并能以某种有形形式复制的智力创作成果。[40] 很明显，根据中国《著作权法》的规定，创作成果需要"独创性"才能被视为"作品"。此外，2002 年《最高人民法院关于审理著作权民事纠纷案件具体适用法律若干问题的解释》第 15 条规定，由不同作者就同一题材创作的作品，作品的表达系独立完成并且有创作性的，应当认定作者各自享有独立著作权。[41] 这似乎表明，与其他法域一样，中国遵循"额头流汗""加"标准。然而，除最高人民法院上述司法解释第 15 条外，中国相关法律法规对"创作性"的涵义未作进一步解释。

在这一点上，我们提出以下某些人认为的人工智能和著作权法相关第一案是有启发性的。作为著作权法的一项基本原则，作品必须具有足够的独创性才能受到著作权的保护。人工智能生成的作品是否具有足够的独创性从而得到著作权保护呢？北京互联网法院 2019 年裁定的菲林诉百度案（Feilin v. Baidu）[42]，涉及由人类团队创建的人工智能程序（图文并茂）生成的数据报告，并讨论了人工智能作品是否可以受著作权保护的问题。原告是北京一家律师事务所，在其微信公众号上发布了一份报告，总结了涉及影视行业的司法判决。[43] 此外，未经原告许可的情况下，在百度公司管理的平台上发布了原告的报告。原告向北京互联网法院提起诉讼，称百度侵犯了其信息网络传播权［与欧盟"提供权"（right of making available）对应］等。[44] 被告辩称，该报告不受著作权保护，因为在他们看来，它完全是由软件生成的。

由于中国《著作权法》授予原创作品著作权，法院审查了人工智能生成的报告是否具有足够的独创性。对于报告中的图形部分，法院认定图形是根据原告输入的数据由软件制作的。图形的变化是因为数据的变化，因此法院没有认定图形具备足够的独创性。也就是说，不同的用户可以使用相同的数据生成相同的结果；因此，这些图形没有被视为原告的原创表达，从而不受著作权保护。至于报告文本，法院认为，软件可视化功能自动生成的文字反映了对相关数据的选择、判断和分析。因此，法院认为其在一定程度上具有独创性，但独创性不足以保护著作权。此外，法院得出结论认为，数据库的开发者和用户都不会被视为文本的创作者，因此报告的文字部分不被法院视为受保护的文字作品。在本案中，法院表示，只有自然人创作完成的作品才有资格获得著作权保护。本案表明，在中国，只有在作品表达了自然人的思想或情感的独创性表达时，作品才被认为具有著作权。综上所述，该判决提出了以下标准：

（1）根据现行的中国著作权法，人工智能生成的成果无论是否属于原创，不能被视为著作权意义上的"作品"；只有自然人创作完成的成果才可能被视为"作品"。

（2）人工智能软件不能被视为作者；应当添加标识，标明讼争的成果系由人工智能软件创作/生成的。

（3）软件开发者或者软件用户不能作为作者，因为他们并没有创作或者生成该分析报告。

（4）尽管人工智能生成的作品不受著作权保护，但对生成产品的投资仍然值得某种形式的保护。

类似地，2019 年在伦敦举行的国际保护知识产权协会（International Association for the Protection of Intellectual Property）世界大会上通过的一项决议认为，人工智能生成的作品只有在作品创作过程中存在人为干预的情况下才能获得著作权保护。

在许多法域，独创性测试所要求的创造性程度相对较低，因此，在这些法域，机器学习的输出结果可以被认为已经通过了著作权独创性门槛。[45] 但是，大多数法院得出的结论是，人工智能应被视为可以帮助人类更有效地创作作品的工具，而不是平等的主体。[46] 在这一点上，日本政府表示，"人工智能生成的内容不被视为作品，因为它不是思想或情感的'创造性'表达（日本《著作权法》第 2 条第 1 款）"，因此不能赋予该作品以著作权。[47]

在美国，著作权标准是独创性加固定（riginality plus fixation）。将作品纳入著作权保护范围，并不需要达到客观的最低内容量。尽管以某些形式［特别是关于随机存取存储器（RAM）中的复本］将固定要求适用于软件仍然存在争议，但在美国，大多数形式的源代码被认为是足以符合制定法意义上的"固定"。因此，就本章而言，固定不是问题，唯一明确的著作权障碍是独创性要求。在美国，随着 1976 年《美国著作权法》的引入，法律上首次明确规定了原创性。此外，如美国最高法院在 Feist Publications, Inc. v. Rural Telephone Service, Co. 案中所讨论的，对独创性的要求并不特别严格。在该案中，最高法院考虑了按字母排列的电话簿的著作权，并得出结论："该作品是由作者独立创作的（而不是从其他作品中复制而来），并且它至少具有一定程度的创作性。"[48]作品满足"独立创作"的要素，只要作品不是从另一个作品中完全复制而来，即使它偶然与现有作品相同。[49]"创作性"构成要件设置了"极低"的门槛，"绝大多数作品""很容易"排除该障碍。它只要求一件作品"拥有一些创作性的火花，'无论'多么粗糙、轻微或明显"。[50]此外，当作品同时包含独创和非独创的内容时，著作权保护该作品，但"仅限于作品中显示作者独创性印记的那些内容——称为'表达'"。[51]美国最高法院在 Feist 案中建立了分析此类混合作品的框架。尽管 Feist 案具体处理的是事实和表达内容混合的作品，但是它同样适用于其他混合作品，并且已被下级法院同样适用于此类混合作品。

135

　　第六巡回法院对 Lexmark Int'l Inc. v. Static Control Components, Inc. 案的裁决解决了程序必须包含多少文字内容才能获得著作权保护的问题。[52]Lexmark 案中，法院确定了两项原则，即合并原则（参见上文论述）和必要场景原则（the *scènes à faire* doctrine）[1]，作为确定表达内容最低限度要求的适当工具。法院将合并原则适用于源代码，指出"如果（程序不受保护的基础性）流程不可分割地体现在计算机程序的逐行指令中，则该流程与表达合并，并且排除著作权保护"。[53]因此，如果某件作品代表了完成某项任务的少数几种可能的方式之一，则它不能获得著作权保护。必要场景原则起源于叙事作品（narrative works），是指"标准、常规的或有必要来

---

[1] scènes à faire，英译为 scene that must be done，即必要场景，是指剧中可以独立的事件、角色或场景，它们至少是处理某一主题的标准模式。在法国著作权法中，该部分即使在享有著作权的作品中也是不受著作权保护的，因为它们是作品在处理相同主题或在相同情形下自然出现的。——译者注

自某一共同主题或背景的"表达不受保护。"涉及计算机软件时，该原则意味着实践中的现实所要求的程序要素，例如硬件标准和机械规格、软件标准和兼容性要求、计算机制造商设计标准、目标行业实践和标准计算机编程实践——可能无法获得保护。"[54]

1991年，欧共体发布了《软件著作权指令》(the Software Copyright Directive)，为各成员国确立了统一的计算机程序著作权法律标准，并在很大程度上实现了欧洲与美国相关法律的协调。该指令确立了计算机程序获得著作权保护必须满足的一项要求：它必须是独创的。与美国法一样，该指令规定的独创性要求并不严格，只要"程序……是作者自己的智力创作成果"，就可以满足要求。[55]

《软件指令》明确禁止成员国制定软件著作权保护资格的任何其他标准。那么，某程序（或对其贡献）的大小是无关紧要的；法院可以只考虑它是否在作者的创作意义上是独创的。欧共体关于计算机程序之法律保护的指令（Directive 2009/24/EC 欧洲议会和欧洲理事会 2009 年 4 月 23 日通过）并未更改此要求。

在更国际化的范围内，《世界知识产权组织（WIPO）版权条约》和世界贸易组织《与贸易有关的知识产权协议》(TRIPS)明确规定了《保护文学艺术作品伯尔尼公约》(以下简称《伯尔尼公约》)中规定的标准同样适用于软件。《伯尔尼公约》没有规定统一的独创性标准，但是转介了各国制定的法律。[56] 尽管如此，《伯尔尼公约》明确规定，软件无需满足其他要求，即可受到国际著作权法的保护。此外，《伯尔尼公约》明确规定"翻译、改编……以及对文学或艺术作品的其他修改，在不损害原作品著作权的情况下，应当作为独创作品予以保护"。[57] 该规定也适用于软件。因此，软件衍生作品如果符合文学和艺术作品衍生作品的通常标准，则受到

《伯尔尼公约》的保护。

对于欧盟内部的《伯尔尼公约》的签署国来说，这些协议确保包含必要独创性的软件作品，包括衍生作品，将有资格获得著作权。从实践目的来看，欧洲共同体的标准与美国的标准非常相似，符合欧洲共同体法上的独创性要求意味着也符合美国法上的独创性要求，反之同理。因此，软件的著作权在欧美的法律体系下适用范围是完全一致的。

第四节　雇佣作品原则

从作品付印或设置在电子手稿、录音、计算机软件程序或其他诸如此类的具体媒介之刻起，著作权就成为创作该作品的作者的财产。[58] 只有作者或从作者那里获得权利的人才能正当地主张著作权。该原则有一项例外，它与人工智能相关，即"雇佣作品（works-made-for-hire）原则"。如果作品属于雇佣作品，即使是雇员实际创作了该作品，雇主也被视为作者。迄今为止，雇主可以是公司、组织或个人。[59] 一些评论员认为，根据著作权法的雇佣作品原则，人工智能可以被视为雇员，在这种情况下，人工智能的雇主将被授予人工智能雇员创作的作品的著作权。[60]

《美国著作权法》第 101 节将"雇佣作品"定义为两部分：（1）由雇员在其受雇范围内准备的作品；或（2）特别订购或委托完成的作品，作为构成集合作品一部分、电影或其他视听作品的一部分、译文、补充作品（supplementary work）、汇编作品、教学材料、试题、试题答案材料或地图集，如果当事人在其签署的书面文书中明确同意该作品应被视为雇佣作品。法律将"补充作品"定义为作为另一作者之作品的辅助附件，目的是介绍、总结、说明、解释、修订、评论或协助使用其他作品，如前言、后记、插图、地图、图表、表格、编辑说明、音乐编曲（musical arrangements）、试卷答案材料、参考文献、附录和索引。

为了帮助确定谁是雇员，最高法院在 Community for Creative Non-Violence v. Reid 案中确定了构成代理法所定义的"雇主-雇员"关系的因素。[61] 值得注意的是，只有部分因素与人工智能相关，因此雇佣作品原则需要修改才能适用于作为雇员的人工智能。这些因素分为几大类。一是雇主对工作的控制；例如，雇主是否确定了工作是如何完成的，工作是否在雇主的场所完成，雇主是否提供了设备或其他工具来创作作品？雇主对雇员施加的控制是另一个需要考虑的因素。例如，雇主是否控制了雇员创作作品时的日程安排，雇主是否有权让雇员执行其他任务，雇主是否确定付款方式，或者雇主是否有权雇用雇员的助手？如果作品属于雇佣作品，除非涉及的双方当事人签署了相反的书面协议，否则为了其需要而创作该作品的雇主或其他人是著作权的初始所有者。

尽管有些人提议修改"雇佣作品原则"作为确定智能机器所生成作品之所有权的一种方式，但是这一原则提出了一项关键问题——人工智能是否有意识能力（mental capacity）作出同意或不同意雇佣作品合同协议的决定？[62] 基于人工智能技术的现状，目前的答案是否定的。在讨论人工智能背景下的雇员-雇主关系时，Hristov 指出，允许署名权从人工智能机器转移给其开发人员，将有效地解决当前人工智能生成的作品落入公共领域的问题。[63] 虽然署名权属于作品的原始创作者，但是在涉及人工智能设备时，雇佣作品原则将允许人工智能的开发者或所有者被视为"在财产权意义上的作者"（the author for the purpose of the title）。[64] 实质上，根据雇佣作品原则，雇主不是作品的实际作者，而仅仅是被视为作者以满足法律的要求。最后，英国采用的方法是将著作权授予为智能机器生成的作品开发人工智能程序的人。

第五节 结 语

正如本章所讨论的，利用人工智能创作作品对著作权法而言具有重要意义。有人指出，考虑到人工智能技术的进步，我们很难区分人类生成的内容和人工智能生成的内容。[65] 因此，对人工智能在很少或没有人为干预的条件下创作的新型作品，著作权法需要决定是否给予保护，以及如果答案肯定的话，应该给予何种保护。尽管著作权法已经日渐放弃对技能、劳动和努力给予奖励的独创性标准，但是在涉及人工智能的劳动成果时，立法者可能需要为这一趋势确立一个例外。此外，在考虑人工智能作品的著作权时，将著作权授予让人工智能运行成为可能的人似乎是合理的方法；如果考虑人工智能的因素，对雇佣作品原则进行充分修改，同样也是合理的方法。无论如何，立法者需要提出一种方法，确保公司继续投资人工智能技术，并了解他们的投资将（通过著作权）获得回报。

在人工智能出现之前，计算机生成作品之著作权的（人类）所有权并未受到质疑，因为该程序被认为仅仅是支持人类创作过程的工具。但是，自主人工智能依然"只是"工具，还是独立的行为体？此外，创作作品只要具有独创性，就有资格获得著作权保护，而大多数关于独创性的定义都需要具有人类作者。有些法域，例如西班牙和德国，明确规定只有人类创作的作品才能受著作权保护。总的来说，对著作权立法的解释得出的结论是，我们不能将著作权保护授予人工智能生成的作品。但是，最新类型的人工智能可以在没有人为干预的情况下作出涉及创作过程的许多决定，当前的著作权法还可以适用多久？

目前，不同国家的著作权法不适用非人类著作权。例如，美国版权局宣布它将"登记独创性作品，前提是该作品是由人类创作的"。[66] 这种立场源于判例法，例如，Feist Publications v. Rural Telephone Service Company, Inc.[67]，法院明确著作权法仅保护"基于思想创造力"的"智力劳动成果"[68]。同样，近年在澳大利亚发生的 Acohs Pty Ltd. v. Ucorp Pty Ltd. 案[69] 中，法院宣布由计算机干预生成的作品不受著作权法保护，因为它不是由人类创作的。在欧洲，欧盟最高法院也在各种场合，特别是在其具有里程碑意义的 Infopaq[70] 案判决中宣布，著作权仅适用于独创性作品，独创性必须反映"作者自己的智力创造"。这通常被理解为独创性作品必须反映作者的个性，这意味着人类作者是著作权作品存在的必要条件。

许多法域考虑为人工智能生成的作品赋予署名权的一种选择是将署名权赋予人工智能程序员，例如中国香港、印度、爱尔兰、新西兰和英国就采取了这种方法。具体而言，英国 1988 年《著作权、设计和专利法》（CDPA）第 9（3）节规定："对于计算机生成的文学、戏剧、音乐或艺术作品，为创作作品进行必要安排的人应当被视为作者。"此外，《著作权、设计和专利法》第 178 节将计算机生成的作品定义为"在没有人类作者的情况下由计算机生成"的作品。[71] 这种规定背后的目的是，为只有人类享有署名权的要求创建一项例外，通过承认创建能够生成作品的程序属于作品，即使创造性的火花是由机器提供的。在英国的 Nova Productions v. Mazooma Games[72] 案中，上诉法院必须决定电脑游戏的署名权，并宣布玩家的输入"不具有艺术性质，玩家没有贡献任何艺术类型的技能或劳动"。因此，逐案考虑用户行为可能是法院确定计算机生成作品之著作权的一种可能解决方案。

虽然目前与赋予人工智能生成的作品以著作权保护相关的挑战仍处于众说纷纭的状态，但是立法解决方案的首次尝试实际上早在30多年前就出现了。[73] 英国议会是世界上首个在人工智能背景下考虑著作权的立法机构，并希望鼓励人们保持对人工智能投资的信心，英国议会在《著作权、设计和专利法》中创建了"计算机生成的作品"这一类别，是指由计算机"在没有人类作者的情况下"生成的作品。《著作权、设计和专利法》第9（3）节规定，计算机生成的文学、戏剧、音乐或艺术作品的作者"应被视为系创作该作品进行必要安排的人"。这种在没有人类作者的情况下对文学、戏剧、音乐或艺术作品赋予署名权的方法已在少数其他法域得到效仿，并且英国法院在其历史上也在少数案例中有所提及。[74] 但是，大数据的融合、统计和模式识别技术的强化，以及廉价、现成的处理能力，在这些因素的赋能之下，人工智能已经达到了自动化内容创作正在成为商业现实的地步。随着潜在受保护作品的创作方式发生的这种转变，对《著作权、设计和专利法》第9（3）节的批判性审查正迅速从学术对话转变为对人工智能行业和法律执业者来说至关重要的问题。《著作权、设计和专利法》第9（3）节的实际应用以及与传统的署名权概念的互动关系，我们很难明确区分人类作者的作品（人工智能可能是一种"工具"，很像相机）和没有人类作者的计算机生成的作品。[75] 由于人类创作的作品和计算机生成的作品之间的界限并不完全清楚，署名权争议将日益频繁，尤其是当人工智能生成的作品是由提供人工智能软件的人和提供数据以训练人工智能和设置以完成特定任务的其他人之间的合作产物之时。[76]

法律和人工智能的另一个重要问题是要求文学、戏剧、音乐或艺术作品必须具有独创性才能获得著作权保护。独创性要求与署名权问题密切相关，因为（除了计算机生成的作品之外）作者被认为是负责作品的可保护元素，也就是说，使其具有独创性的内容。作为一个政策问题，著作权是否应该只奖励真正人类认知的行为，或者著作权是否可以在社会中发挥更实用的作用，鼓励新作品的生产和发行，而不管它们的创作方式如何？人工智能作品著作权的解决方案可能在于承认计算机生成的作品只应享有与电影、录音、广播和排版（typographical arrangements）类似的经济性权利。[77] 这些作品不得是以前作品的复制品，但也不必是"独创性的"。另一种解决方案是为人工智能生成的作品引入一种特殊形式的著作权保护，就像欧盟以前对软件（Directive 2009/24/EC，amending Directive 91/250/EEC）、数据库（Directive 96/9/EC）和集成电路布图设计（Directive 87/65/ECC）。

总之，著作权法大部分是在 20 世纪起草的，当时人工智能在创作作者作品方面并不活跃，现在需要对著作权法进行更新以适应自主人工智能的现实。

注释

1. Annemarie Bridy, *Coding Creativity: Copyright and the Artificially Intelligent Author*, 5 Stanford Technology Law Review 1（2012）.

2. See Robin, "Microsoft AI Creates 'New' Rembrandt Painting," *Netimperative*, 2016, accessed 14 July 2020 at http://www.netimperative.com/2016/04/11/microsoft-ai-creates-new-rembrandt-painting/; Ahmed Elgammal, *AI is Blurring the Definition of Artist: Advanced Algorithms are Using Machine Learning to Create Art Autonomously*, 107 American Scientist 18（2019）.

3. Pamela Samuelson, *Allocating Ownership Rights in Computer-Generated*

Works, 47 University of Pittsburgh Law Review 1185（1986）（认为将权利分配给生成该作品的程序的被许可用户最符合传统的版权法原则）; see also Andrew J. Wu, *From Video Games to Artificial Intelligence: Assigning Copyright Ownership to Works Generated by Increasingly Sophisticated Computer Programs*, 25 AIPLA Quarterly Journal 133（1997）（评估和生成对非衍生、计算机生成作品授予著作权的指南）。

4. Ralph D. Clifford, *Intellectual Property in the Era of the Creative Computer Program*, 71 Tulane Law Review 1675（1997）.

5. *Supra* note 1.

6. Qian Wang, On the Legal Determination of AI-Generated Contents in the Copyright Law, accessed 14 February 2020 at https://www.qmul.ac.uk/euplant/blog/items/the-concept-of-originality-in-the-copyright-issue-of-ai-generated-works-in-china.html.

7. Id.

8. Id.

9. Marshall A. Leaffer, *Understanding Copyright Law*, 7th ed., Carolina Academic Press, Durham, NC 2019.

10. Australia, Commonwealth Consolidated Acts, Copyright Act 1968—Section 35.

11.《软件指令》（Software Directive）第 2（1）条规定："计算机程序的作者应是创建程序的自然人或自然人群体，或者在成员国立法允许的情况下，由该立法指定为权利人的法人。"

12. Madeline de Cock Buning, "Artificial Intelligence and the Creative Industry: New Challenges for the EU Paradigm for Art and Technology by Autonomous Creation," in W. Barfield and U. Pagallo（eds）, *Research Handbook on the Law of Artificial Intelligence*, Edward Elgar Publishing, Cheltenham, UK and Northampton, MA, USA 2018, p. 519.

13. United Kingdom, Copyright, Designs and Patents Act of 1988, Authorship of Work, Section 9（3）.

14. US Copyright Office, *Compendium of U.S. Copyright Office Practices*, Section 313.2, 2014.

15. India, Section 2（d）of the Copyright Act of 1957.

16. Copyright Act of Japan 1970, translated 2009, Section 2 Article 14.

17. Carys Craig & Ian Kerr, *The Death of the AI Author*, 52 Ottawa Law Review 31（2020）.

18. *Dynamic Supplies Pty Ltd v. Tonnex International Pty Ltd.*［2011］FCA 362; *IceTV Pty Limited v. Nine Network Australia Pty Limited*［2009］HCA 14.

19. *IceTV Pty Limited v. Nine Network Australia Pty Limited* [2009] HCA 14.

20. Id. note 16.

21. Id. note 17.

22. *Acohs Pty Ltd. v. Ucorp Pty Ltd.* [2012] .

23. See Pratap Devarapalli, *Machine Learning to Machine Owning: Redefining the Copyright Ownership from the Perspective of Australian, US, UK and EU Law*, 40 European Intellectual Property Review 722 (2018).

24. *Burrow-Giles Lithographic Co. v. Napoleon Sarony*, 111 U.S. 53 (1884).

25. *Naruto v. Slater*, 888 F. 3d 418 (Court of Appeals, 9th Circuit 2018).

26. C-145/10, *Painer v. Standard Verlags GmbH and Others.*

27. *Supra* note 24; Hwl Ebsworth Lawyers, "Monkeys and Artificial Intelligence: What's the Connection?," 2017, accessed 12 July 2020 at https://hwlebsworth.com.au/intellectual-property-technology-and-media-newsletter-4/.

28. Infopaq International A/S v. Danske Dagbaldes Forening (C-5/08) 45. 这是欧盟最高法院的判决，涉及对《著作权指令》（ Directive 2001/29/EC of the European Parliament and of the Council of 22 May 2001 on the harmonisation of certain aspects of copyright and related rights in the information society ）对著作权某些方面的协调和临时复制行为的豁免条件的解释。根据该指令的规定，（1）如果复制的元素是其作者智力创作的表达，则在数据采集过程（ data capture process ）中发生的行为部分属于该指令第 2 条意义上的复制概念；（2）在数据采集过程中打印出所提取文字（ extract of words ）的行为不符合该指令第 5（1）条所要求的临时性（ being transient in nature ）条件。

29. Id.

30. *Supra* note 28, C-5/08 at 92; and *Football Dataco v. Yahoo* (C-604/10) at 38.

31. Pamela Samuelson *supra* note 3.

32. Kalin Hristov, *Artificial Intelligence and the Copyright Dilemma*, 57 IDEA: The IP Law Review 431 (2017).

33. See Christina Campbell, discussed in Pratap Devarapalli, *Machine Learning to Machine Owning: Redefining the Copyright Ownership from the Perspective of Australian, US, UK and EU Law*, 40 European Intellectual Property Review 722 (2018).

34. Id.

35. See Jeremy A. Cubert and Richard G.A. Bone, "The Law of Intellectual Property Created by Artificial Intelligence," in W. Barfield and U. Pagallo (eds), *Research Handbook on the Law of Artificial Intelligence*, Edward Elgar Publishing, Cheltenham, UK and Northampton, MA, USA 2018, pp. 425, 427; and Madeline de Cock Buning *supra* note 12, p. 533.

36. *Supra* note 32.

37. Marshall A. Leaffer *supra* note 9.

38. *Supra* note 26.

39. Marshall A. Leaffer *supra* note 9.

40. People's Republic of China, Article 2, Regulations for the Implementation of the Copyright Law.

41.《最高人民法院关于审理著作权民事纠纷案件适用法律若干问题的解释》（2002 年 10 月 12 日最高人民法院审判委员会第 1246 次会议通过，2002 年 10 月 15 日起施行）。

42. 北京菲林律师事务所诉北京百度网讯科技有限公司著作权侵权纠纷一案民事判决书，（2018）京 0491 民初 239 号。

43. The report consisted of Chinese characters and text.

44. Id. at 38.

45. Marshall A. Leaffer *supra* note 9; see also Christopher Buccafusco, *A Theory of Copyright Authorship*, 102 Virginia Law Review 1229, 1260（2016）.

46. T. He, *The Sentimental Fools and the Fictitious Authors: Rethinking the Copyright Issues of AI-Generated Contents in China*, 27 Asia Pacific Law Review 215–238（2020）.

47. See Intellectual Property Strategy Headquarters, "Intellectual Property Strategic Program 2016," Prime Minister of Japan's Office（2016）.

48. *Feist Publ'ns, Inc. v. Rural Tel. Serv. Co.*, 499 U.S. 340, 355（1991）.

49. Id.

50. Id.

51. Id.

52. *Lexmark Int'l. Inc. v. Static Control Components, Inc.* 387 F.3d 522（2004）.

53. Id.

54. Marshall A. Leaffer *supra* note 9.

55. Id.

56. Berne Convention for the Protection of Literary and Artistic Works, 9 September 1886, Art. 2, para. 7, as last revised 24 July 1971, 25 U.S.C. 1341, 828 U.N.T.S. 221.

57. Id. Art. 2, para. 3.

58. Sandstrum Law, *Works Made for Hire Doctrine*, 2015, accessed 13 July 2020 at https://sand strumlaw.com/blog-articles/works-made-for-hire/.

59. Marshall A. Leaffer *supra* note 9.

60. Annemarie Bridy *supra* note 1.

61. *Community for Creative Non-Violence v. Reid*, 490 U.S. 730 (1989).

62. Ana Ramalho, "Will Robots Rule the (Artistic) World? A Proposed Model for the Legal Status of Creations by Artificial Intelligence Systems," *Journal of Internet Law* (2017).

63. Kalin Hristov, *supra* note 32.

64. Id.

65. See Robin and Ahmed Elgammal *supra* note 2.

66. US Copyright Law, Compendium: Copyrightable Authorship: What Can Be Registered (ch. 300) 306, The Human Authorship Requirement, 2014, accessed 14 July 2020 at https://law.resource. org/pub/us/compendium/ch300.html.

67. *Supra* note 48.

68. *Supra* note 48.

69. *Supra* note 22.

70. *Supra* note 28.

71. UK Copyright Law, Section 178 of the CDPA.

72. *Nova Productions v. Mazooma Games* [2007] EWCA Civ 219.

73. Toby Bond and Sarah Blair, *Artificial Intelligence & Copyright: Section 9(3) or Authorship without an Author*, 14 Journal of Intellectual Property Law & Practice 423 (2019).

74. Id.

75. Id.

76. Id.

77. Id.

第九章 专利法

第一节 引 言

基于人工智能的发明之专利申请增长迅速，这也使得专利法成为法律和人工智能研究的时兴和重要的话题。[1] 尽管许多专利主张将人工智能用于各种用途，但是人工智能对发明人角色的影响已经引出了一些亟待解决的重要问题。例如，谁应当对基于人工智能的发明主张专利权，而且更一般地来说，专利法应当如何应对人工智能的发展从而作出变革？本章在讨论对人工智能技术（例如算法和神经网络）等授予专利的同时，将焦点放在人工智能作为发明人的同时，对于专利法提出的挑战。

全球的法律学者和专利官员都在开始关注基于人工智能的发明的专利法问题。[2] 例如，美国专利和商标局（the United States Patent and Trademark Office，缩写 USPTO）在 2019 年主办了一次名为"人工智能：知识产权政策考量"的会议[3]，在这次会议上向人工智能的学术界和产业界提出了人工智能对现有专利构成挑战的若干问题。美国专利和商标局的征求意见稿（Request for Comments）包含了下列问题，它们也是其他专利授予机构和公众所关心的专利法问题：

人工智能发明（AI invention）的要素是什么？例如，需要解决的问题、用于训练和运行人工智能的数据库的结构，在该数据基础上训练算法，算法本身以及人工智能发明的结果。

自然人可以哪些方式对人工智能发明的构思（conception）作出贡献，从而符合成为具名发明人（named inventor）的资格？

与发明权有关的现行专利法律和规章是否需要进行修改，以加入对自然人之外的其他实体参与构思的发明情形？

接受自然人指派承担发明任务的自然人之外的其他实体或者公司，是否能够拥有人工智能发明的专利？

对于人工智能发明来说，在专利资格（patent eligibility）的考量因素方面是否存在独特之处？

对于人工智能发明来说，在公开相关的考量方面是否存在独特之处？例如，对专利申请书的书面说明书（written description report）。

人工智能发明的专利申请书如何才能最好地符合专利的可实施性要求（enablement requirement），特别是考虑到一些人工智能系统存在的某种程度的不可预测性？ [4]

人工智能会影响通常技术者个人的技术水平吗？如果会的话，是怎么做到的？

对于人工智能发明来说，先前技术（prior art）的考量是否存在独特之处？ [5]

对于人工智能发明来说，是否需要推行任何新型的知识产权保护，例如数据保护？

145 上述问题提出了与专利法和人工智能相关的重要问题，我们将在本章讨论其中的一些问题；为此，有必要回顾一下基本的专利程序。[6]有关美国可专利性的详细信息，请查阅美国专利商标局出版的《专利审查程序手册》（*the Manual of Patent Examining*

Procedure）；欧盟的相关信息，可查阅欧洲专利局（the European Patent Office）《审查指南》（*the Guidelines for Examination*）。

第二节　专利的基础问题

鉴于本章的讨论重点是专利法和人工智能，我们首先展示一份基于人工智能的专利权利要求书（patent claim）示例（US Patent 10，467，919）。读者在考虑本章后续部分的材料时应参考权利要求书，还有一点值得注意的是专利将人类列为发明人。该专利权利要求书的内容包括：

> 一种基于人工智能的辅导方法，包括：通过具有处理器、非暂时性计算机存储器和人工智能引擎的人工智能系统，监控学生与在人工智能系统上执行的在线课程计划之间的交互，监控过程包括人工智能系统通过在用户设备上运行的在线课程计划的用户界面从用户设备获取或接收交互；根据学生与在线课程计划的交互，由人工智能引擎决定是否动态修改在线课程计划；当人工智能引擎基于学生与在线课程计划之间的交互确定将要动态修改在线课程计划时，允许学生提供静态问题（static question）；人工智能引擎将学生提供的静态问题自动转换为动态的问题模板；由人工智能引擎利用方程库和由学生提供的静态问题自动转换而来的动态问题模板，动态生成多个问题；通过人工智能引擎动态修改在线课程计划，将由人工智能引擎动态生成的多个问题纳入其中；通过人工智能系统将动态修改的在线课程计划呈现给学生。

对于专利法和人工智能而言，重要的是，对于许多专利局来说，发明人身份被视为一项关键的可专利性标准。因为这一原因，确定人工智能是否可以作为发明人，或者确定谁应该获得人工智能发明的专利权，是审查员审查专利申请的门槛问题。[7]在美国，国会授予专利的能力仅限于授权给发明人，也就是说："根据35 U.S.C. § 102（f）的规定，发明人身份事实上与可专利性相关，过去因为具名的发明人出于恶意或具有欺骗性意图行事时，法院判定因为发明人姓名错误而不可强制执行该专利。"[8]此外，根据美国专利法，专利授予是推定的，也就是说，除非专利法规禁止授予专利，否则应当授予专利。易言之，专利局有责任证明为什么不应该授予专利。当然，根据现行专利法，一旦专利审查员确定非人类实体被列为发明人，则该确定的事实将成为授予专利的障碍。但是，专利一旦被授予，即被推定为有效，法院只能基于明确和有说服力的证据宣布专利无效。

与在美国获得专利相比，欧洲，即欧洲专利组织[9]的成员国中专利程序有些不同。虽然在美国，所有专利申请都被视为自动涵盖发明，但在欧洲，首先评估专利申请是否涵盖一项发明：这是《欧洲专利公约》(the European Patent Convention)第52（1）条所述的四项专利标准中的第一项；其他三项标准是新颖性、创造性和工业实用性。[10]对于欧盟专利法审查员来说，重要的问题在于，基于人工智能的发明是否可以满足《欧洲专利公约》第52条的要求，如果可以，应该授予谁专利？需要考虑的一项因素是欧洲专利组织用于区分"发明"和"非发明"的标准（即欧洲专利组织的专利资格要求）是专利客体必须具有技术特征，该要求适用于基于人工智能的发明。

此外，关于印度专利法，如 1970 年《印度专利法》（the Indian Patent Act of 1970）所述，"发明"被定义为具有创造性并能够进行工业应用的新产品或新工艺。虽然人工智能产生的发明可能针对工业应用，但根据印度现行法律，人工智能是否可以被视为参与"创造性"是有问题的。此外，《印度专利法》第 3 节规定了一系列不可授予专利的发明，例如，那些违反公认自然法的发明。[11] 这一点对于基于人工智能的发明很重要，因为专利权利要求书中描述的算法可能表达了自然法则，在这种情况下，如果专利权利要求书没有对此作进一步阐释，它可能不是可专利的客体；这一结论在不同的专利法域是一致的。

根据《日本专利法》，专利的客体被认为是发明。[12] 展望未来人工智能相关技术的发展，日本特许厅（the Japan Patent Office）在其《日本专利审查手册》（*Japanese Patent Examination Handbook*）的附件 A 中收录了基于人工智能的发明专利权利要求书的若干事例集。[13] 这些事例旨在从根据《日本专利法》规定获得专利所要求的说明书和创造性的角度帮助理解专利审查过程。[14] 例如，考虑到日本对基于人工智能的发明的创造性要求，"事例 34"提供了若干指导。[15] 从本质上讲，要获得专利，人工智能的应用必须有助于产生本领域具有通常技术者所不熟悉的结果；因此，不应将人工智能的应用视为本领域具有通常技术者可以应用公知技术的过程中进行的"单纯的车间改造（mere workshop modification）"。[16] 更具体地说，当基于人工智能技术应用的发明在日本提交专利申请时，建议申请人披露与人工智能相关的发明可能产生的事例相关性（例如输入和输出之间）以及专利申请人披露人工智能模型的测试结果或验证。例如，当一项发明将人工智能应用于技术领域时，专利申请应描述其联系，例如应用人工智能技术进行计算的输入和输出之间的相关性。同时建议发明人展示实际测试结果或其他人工智能模型的验证证明；因此，根据约翰·罗吉斯（John Rogitz）的说法，对于开发具有特定成分的新材料（例如新胶水），使用神经网络优化成分比例以实现某些理想的固化时间和强度，应该显示测试结果运行人工智能模型，或证明该模型已被验证为是准确的。[17]

2.1 可专利客体

任何专利局授予专利的一项门槛问题是该发明是否构成可专利客体（patentable subject matter）。[18]根据《美国专利法》（35 U.S.C. § 101）的规定，可专利的发明被描述为："任何人发明或发现任何新的和有用的方法、机器、制造或物质合成，或其任何新的和有用的改进，在遵守本编规定的条件和要求的情况下可以获得专利。"[19]需要指出的是根据§ 101的规定，专利申请需要符合一些基本要求，而且每项要求都对基于人工智能的发明有影响：

（1）"有用"是指发明必须具有特定、实质性和可信的效用。此即"效用"（utility）要求。

（2）"方法（process）[1]、机器、制造、物质合成"定义了专利的"客体资格"（subject matter eligibility），并由法院解释，限制了有资格获得专利的客体。[20]

（3）"任何人发明或发现"是指专利只能由从事发明行为的人获得。

因此，根据《美国专利法》的规定发明的法定类别是："方法、机器、制造或物质合成及其改进。"考察该列表，对于法律和人工

149

[1] 此处译法参考了李明德《美国知识产权法》（第二版），法律出版社2014年版，第38页。——译者注

智能的讨论而言，重要的是要了解法院已将法定类别解释为排除"自然法则、自然现象和抽象思想"，这引出了一个问题——算法之类人工智能技术，是可专利客体，还是对自然法则或抽象思想的简单陈述？

由于申请专利保护的发明必须是符合专利授予资格的客体，因此权利要求书不得针对司法例外（即非可专利客体），除非权利要求书整体上包含了远远超过例外情形的附加限制。[21] 司法例外（也称为"司法认可的例外"或简称"例外"）是美国联邦法院认定不属于四种法定发明类别或构成其例外的客体，指的是抽象思想、自然法则和自然现象（包括自然产物）。[22] 因为"抽象思想、自然法则和自然现象"是科技工作的基本工具，美国最高法院曾表示担心授予专利权会造成这些工具被垄断，可能会阻碍而不是促进创新。[23] 但是，最高法院也强调指出，一项发明不会仅仅因为它涉及司法例外，而被认为不符合专利申请的资格。[24] 因此，最高法院表示，在某些情况下，抽象思想、自然法则或自然现象的应用可能有资格获得专利保护[25]（但是，很大程度上取决于专利权利要求书的撰写方式）。

150

在美国，根据 35 U.S.C. § 102 的规定，发明要具有可专利性，必须是新颖的，并且在专利申请提交日期前一年以上没有公开披露。因此，专利审查员面临的一个问题是，是否已经对发明进行了"公开披露"，是否可能通过人工智能公开？通常而言，如果一项发明在被另一方发明之前已经为公众所知，在专利申请提交前一年以上在出版物中作了描述，或者在专利申请提交前一年以上公开使用或出售，则该发明不具有新颖性。未能在此一年期限内提交专利申请，可能会成为获得专利的法定障碍。此外，专利审查员将审查现有技术，查看所有先前专利中相同或高度相似的发明。如果一项发明的所有特征都存在于一项先前的专利之中（或在某些情况下是多项发明），则该专利将会因为缺乏新颖性而被驳回。

我们接下来回顾一件重要案例，该案例说明了专利法与可专利客体相关的概念。在 Mayo Collaborative Services v. Prometheus Laboratories 案中，一项专利指向的是血液中某些代谢物浓度与药物剂量被证明无效或者有害的可能性之间的联系，美国最高法院判定，已发布的专利权利要求书因为未能满足可专利客体的要求而无效。[26] 最高法院认为，这些权利要求书不是符合 35 U.S.C.§ 101 之规定的客体，因为这些权利要求书"包含的说明除了由以前该领域的人从事的易于理解的、常规的、传统的活动之外，没有为自然法则增加任何具体的内容"。[27] 易言之，在最高法院看来，一种药物将被证明无效或造成伤害的剂量限制是不具有可专利性的自然法则，而权利要求书只是指导医生使用已知技术应用这一自然法则。

对专利法和人工智能来说重要的是，最高法院在 Mayo 案中提出了一个分析框架用于确定申请人是否正在寻求为司法例外本身申请专利（例如表达自然法则的算法），或者司法例外的可专利性申请。[28] 这个框架被称为"Mayo 标准"（Mayo test），或"Alice/Mayo 标准"（the Alice/Mayo test）。Mayo 标准第一部分是确定权利要求书是否指向抽象思想、自然法则或自然现象（即司法例外）。如果权利要求书指向司法例外，Mayo 标准第二部分是确定权利要求书是否列举了明显不只是司法例外的附加要素。[29] 最高法院将 Mayo 标准第二部分描述为"寻找'创造性'。"[30] Alice 案判决在谈到 Mayo 案的判决时，阐述了确定可专利客体的两项标准：（1）确定权利要求书是否指向不具有专利资格的概念（自然法则、抽象思想和自然现象）；（2）确定权利要求书的要素，无论是单独考虑还是作为有秩序的组合考虑，是否将权利要求书的性质转变为具有专利资格的申请。

总之，对于美国专利法（和其他专利局），虽然"自然法则、自然现象和抽象思想"（在美国，根据《美国专利法》第101节）不是可专利客体[31]，但是在适当的情况下，"自然法则应用于……已知的结构或方法，可能［值得］专利保护"。[32]但是，要将不具有可专利性的自然法则转化为符合专利资格的自然法则应用，专利必须不只是对自然法则的陈述，再在权利要求书中添加"及其应用"字样，法院为权利要求书的解释设置了更高的标准。[33]

2.2 具有通常技术者

专利法还要求客体必须是"有用的"。这在传统上是指三个方面的内容：实践效用、可操作性和有益效用。因此，人工智能制作的艺术作品（如音乐或绘画）可能受著作权保护，但不受专利保护。一般来说，方法、机器或物质合成必须在现实世界中实现预期目的才能满足专利要求。与新颖性要求一样，发明人必须进行专利检索并研究先前技术，以预测审查员是否会发现他或她的发明具有非显而易见性。专利审查员将决定该发明是否对本领域具有通常技术者来说是明显的。这就提出了未来法院需要解决的一个问题，即人工智能是否不仅应被视为发明人本身，还应被视为与另一方发明相关的"某位"（someone）具有通常技术（ordinary skill in the art）者。

具有通常技术者是假定在发明时已知相关技术的人，并且是适用于包括显而易见性和可实施性在内的多重可专利性分析的构造。[34]这个假设的人不被认为具有发明人的知识水平，而是在专利客体的领域或技术方面具有技术人员的通常知识。尽管了解所有相关技术的具有通常技术者，这一概念始终是法律拟制的，但是随着人工智能系统变得更加强大，并且可以访问已有的专利和科学文献数据库，这种拟制可能会接近现实，在这种情况下，人工智能可能在该主题领域比（人类）发明人更博学。

根据现行专利法，人工智能本身不会被认为是具有通常技术者，但是这一假设的"具有通常技术者"应该由配备人工智能系统的个人组成。通过这种方式，具有通常技术者的能力和知识将得到提升，达到与人工智能的复杂程度相称的地步。但是，提高具有通常技术者的标准可能会影响专利法中的多项原则，包括新颖性、显而易见性和可实施性，这些都是从假设的具有通常技术者的角度确定的。例如，非显而易见性标准考虑了具有通常技术者，并应用该视角来确定发明与先前技术之间的差异是否明显。如果具有通常技术者比发明人具有更高水平的技能和对现有技术的了解，那么它将设置了有待克服的高标准，表明一项发明相对先前技术而言具有非显而易见性。此外，人工智能可以通过暴力（brute force）试错算法等方法产生创造性结果，这一点变得具有可预测，专利申请人可能很难主张该发明具有非显而易见性，即使在"有限数量的已确定、可预测的解决方案"超出了人类的能力之时。

此外，为了满足可实施性的要求，专利说明书必须以充分的细节披露发明，以使具有通常技术者能够在不进行过度实验的情况下实现该发明。如果人工智能可以在不进行实验的情况下使用比人类所需更少的信息来预测结果，那么与今天的标准相比，披露中可能需要明显更少的信息来实现权利要求。上面这节突出了当前专利法中将受到人工智能发展挑战的许多问题。

153

2.3 谁是发明人？

在美国，任何对专利申请中要求保护的发明之构思或化约为实践作出贡献的个人都被视为发明人。但是，当一项新的基于人工智能的发明被创造出来时，发明人身份可以说存在于：

（1）构思并实现人工智能所使用之机器学习算法的计算机科学家；

（2）仔细选择、修剪和标记用于为人工智能训练模型之训练数据的数据科学家；

（3）确定可以在其中使用模型的实际应用的工程师；

（4）更有争议的是，人工智能本身可以被认为是发明人；

（5）以上各项的任意组合。

专利法面临的一个挑战是如何处理全部或部分由人工智能发现的发明。由于发明人身份仅属于人类，因此美国专利商标局（USPTO）等专利局缺乏足够的指引来解决人工智能发现的新药或新消费品的设计。虽然将人工智能产生的发明之发明人身份归于人工智能的人类创造者是符合当前专利法实践的合理解决方案，但是在某些情况下，人类的行为和发明的实现可能在时间、干预事件和近因等方面相距甚远，以至于将最初与人工智能相关的人类指定为发明人是很成问题的。

然而，人工智能能否作为发明人获得专利保护，这一问题在美国和其他专利局都已在法律上得到解决。美国专利制度只承认（人类）个人为发明人[35]，不承认公司[36]或机器[37]。此外，发明人身份是由构思决定的，或者"在发明人的头脑中形成对完整和可操作的发明的确定和永久的想法"。[38] 但是，人工智能的使用，特别是深度学习，或自我进化和编码的人工智能（self-evolving and coding

AI），开始引发这样的问题，即谁（或什么）构思了该发明，因此应当被称为发明人。事实上，人工智能已经发展到其自身而非人类程序员或工程师正在产生新发明的地步。这在人工智能系统通过训练，可以开发自己的代码时尤其如此。特别是，随着人工智能在医学和生命科学等领域应用日益广泛，人工智能越来越有可能成为实施创造的实体，在观察到的现象和未知之间得出新的结论，并创造新的程序进一步识别和利用这些联系——在这种情况下，谁是发明人，并进而称为专利权持有人？[39]

第三节　软件的专利权问题

值得注意的是，人工智能通常体现在软件程序中，因此专利法和人工智能的一个重要问题是基于软件的发明是否具有可专利性？《欧洲专利公约》第 52 条第 2 款排除了下列具体情形的可专利性：

（1）发现、科学理论和数学方法；

（2）美学创作；

（3）进行心理活动、玩游戏或经商的方案、规则和方法，以及计算机程序；

（4）信息的介绍。

但是，需要补充指出的是，上述内容并不是对软件授予专利的全部障碍。我们可以还需要记住的是，抽象思想不是可专利客体。

软件不构成抽象思想的一般规则是，如果专利申请的重点是改进计算机的功能，那么它很可能是符合专利资格的，而不是"抽象思想"。但是，如果专利申请的重点是个通用方法，而计算机仅作

155

为执行程序的工具被调用，那么它被认为属于"抽象思想"。此外，数学算法，包括在通用计算机上执行的算法，也被认为属于抽象思想，因此被单独考虑，认为不是可专利客体。

为了获得专利资格，软件的专利申请必须满足某些技术要求，并且必须仔细编写权利要求书以通过专利审查员的审查。从技术的角度来看，如果满足以下条件，软件就可具有可专利性：（1）它以某种方式改进了计算机功能，也就是说，它能够实现以前不可用的某些计算、加快进程或耗用更少的资源；或者（2）它以非常规的方式解决了一项计算挑战。[40]此外，如果软件的编写侧重于特定软件解决方案的技术优点，则它可能具有专利资格。例如，专利权利要求应描述发明领域的技术挑战，并具体描述和说明软件涉及的解决方案。《欧洲专利公约》规定的软件、计算机程序和基于计算机的发明的可专利性，可能是所涵盖的客体基于该公约被授予专利的程度。

总而言之，虽然基于《欧洲专利公约》，特别是第52条的规定，"计算机程序"不被视为授予欧洲专利意义上的发明，但是这种可专利性的排除仅适用于像这样与计算机程序有关的欧洲专利申请。由于这种部分排除，与美国专利法相比，欧洲专利组织对软件程序的专利申请进行了更严格的审查，但是在欧盟内部，所有与软件相关的发明还不被视为不具有可专利性。

3.1 软件专利的技术影响要求

用于解决技术问题的软件设计可能是可专利客体。就计算机程序而言，根据欧洲专利组织上诉委员会（the Boards of Appeal）的案例法，对专利软件的技术贡献（或技术效果）要求通常是指超出程序与计算机之间正常物理交互之外的进一步技术效果。此外，根

156

据欧盟《专利审查指南》(Guidelines for Examination of Patents)，数学方法被认为在解决所有技术领域的技术问题中发挥着重要作用。但是，根据《欧洲专利公约》第52（2）（a）条的要求，数学方法被排除在可专利性客体之外［第52（3）条］。但是，如果专利符合技术效果要求，则数学方法具有可专利性，例如，使用算法设计的电滤波器可能不会被第52（2）条和第52（2）条排除在可专利性范围之外。根据欧洲专利局上诉委员会的案例，计算机程序提供的技术效果可以是减少内存访问时间、改进机械臂控制或无线电信号的接收和／或解码。专利权利要求不必在运行程序的计算机之外；减少硬盘访问时间或增强用户界面也可以被视为技术效果。[41]

在根据欧盟法律规定授予软件以专利时，还需要考虑创造性要求这一问题。任何非技术特征，即根据《欧洲专利公约》第52（2）条和第52（2）条被排除在可专利性范围之外的领域的特征，都不能作为评估创造性时的考虑因素，除非它们（非技术特征）实际上与技术性客体互动以解决技术问题。此外，"技术发展现状"（state of the art，作为创造性评价的起点）应理解为"技术状态"（state of technology），具有通常技术者应理解为相关技术领域的技术人员。技术，并且"在问题和解决方法的进路意义上，问题必须是特定技术领域的技术人员可能被要求在相关优先权日期（priority date）前解决的技术问题"。[42]

当权利要求指向数学方法的一项具体的技术性实施，并且该数学方法被作了特别调整以适用于该特定技术性实施时，例如其设计可能是出于对计算机内部运行的技术考虑，数学方法（即算法）也可以独立于任何技术应用而对发明的技术特征做出贡献。[43] 如果数学方法不能服务于技术目的，并且所要求保护的技术性实施不超出一般的技术性实施，则该数学方法对发明的技术特征没有贡献。在这种情况下，仅仅数学方法在算法上比现有技术的数学方法更有效，以建立技术效果是不够的。但是，如果我们可以证明该数学方法在应用于技术领域和/或适用于特定技术实施时会产生技术效果，则影响既定技术效果的这些步骤的计算效率将被纳入创造性评估的考虑范围。

3.2 欧洲专利局案例

到目前为止，只有少数案例直接涉及专利法和人工智能作为发明人的应用。欧盟最近的一起案例直接与此相关，该案涉及三个国家的专利局就由人工智能算法创造的发明应当将创造性功劳归于谁的争议，与以下美国专利相关[44]：US Patent 5，659，666 "有用信息的自主生成设备"（A Device for the Autonomous Generation of Useful Information）。一种使用神经网络模拟人类创造力的设备，该神经网络经过训练可以在某个预定知识域内产生输入—输出图；这种装置使神经网络经受预定知识域变化的扰动；该神经网络具有可选的输出，可以将神经网络的输出馈送到次级神经网络，由次级神经网络基于其内部的训练来评估和选择输出。该设备还可以包括从次级神经网络的输出到一级神经网络的相互反馈连接，以进一步影响和改变上述神经网络中发生的运行。

158

欧洲专利局驳回了两项欧洲专利申请，其中基于上述专利运行的一台机器被当作发明人。两项专利申请都将一个被描述为使用了联结主义人工智能（connectionist AI）的系统——"DABUS"（自主引导统一敏感性的设备）作为发明人。申请人表示，他们通过作为发明人（DABUS）的产权继受人，获得了欧洲专利的权利。在听取了申请人的论点后，欧洲专利组织驳回了 EP 18 275 163 和 EP

18 275 174 这两项专利申请，理由是它们不符合《欧洲专利公约》的要求，即申请中指定的发明人必须是人，而不是机器。但是，有些人认为，解决问题的人工智能 DABUS 值得作为发明人得到法律认可，因此争议随之而来。

欧洲专利局在其决定中认为，对欧洲专利制度法律框架的解释，可以得出欧洲专利中指定的发明人必须是自然人的结论。根据《欧洲专利公约》第 19（1）条，专利中指定的发明人必须包含发明人的姓氏、名字和完整地址。但是，给"物（things）"取名并不能等同于自然人的姓名。给自然人取名，让他们能够行使权利并成为其人格的一部分。相反，物没有权利，尤其是没有人格权。[45] 欧洲专利局进一步指出，"发明人"一词是指自然人，这似乎是国际通用标准，并且各国法院已作出具有这一效力的裁决。此外，指定发明人是强制性的，因为它会承担一系列法律后果，特别是要确保指定的发明人是合法的，并且他或她可以从与此身份相关的权利中受益。要行使这些权利，发明人必须具有人工智能系统或机器不享有的法人资格。最后，给机器命名（如 DABUS）并不足以满足上述《欧洲专利公约》的要求。

159 欧洲专利局上诉委员会的判例法对欧洲专利组织成员国没有约束力，不同的成员国法院根据《欧洲专利公约》第 52（2）款对不同案件的可专利性可能有不同的看法。然而，欧洲专利局不授予欧洲专利的决定（直接或在上诉程序中）不能在成员国法院受到质疑。任何由欧洲专利局颁发的欧洲专利都可以在专利侵权诉讼或在成员国法院的撤销程序中被撤销。例如，如果法院根据新的先前技术证据，或者基于对可得的先前技术进行重新考虑，认为该发明不具有可专利性。此外，成员国在例外情况方面有一定程度的自由度。例如，另一方可以在多大程度上使用专利，或侵犯欧洲专利的对软件进行反编译（decompile）。

3.3 对算法授予专利的美国路径

为人工智能申请专利的另一个重要问题是，算法是否可以被视为专利法上的"方法"（process）？在美国，《美国专利法》（35 U.S.C. 101）明确规定有用的方法具有可专利性，而 35 U.S.C. 112（f）的规定解释了某些类型的方法专利的权利要求［有时称为"步骤加功能"（step plus function）权利要求］将涵盖一系列步骤（"说明书中描述的相应……行为及其等价物"）。[46] 世界上最有价值的专利中有的是方法专利，例如谷歌的搜索算法。在美国专利法中，对专利授予算法的问题是在两种相互竞争的思想下解决的：抽象思想（不能单独具有可专利性）与可以由算法描述的"方法"的专利资格。文字过程在本次讨论中很重要，因为算法本质上是一系列步骤，当使用代码执行时，这些步骤会自动运行该方法。事实上，人工智能和机器学习是利用神经网络和遗传算法等技术进行分类（classification）、聚类（clustering）、回归（regression）和降维（dimensionality reduction）的计算模型。这类计算模型和算法，本身就具有抽象的数学性质，无论它们是否属于根据训练数据经过"训练"。

160

从本质上讲，许多专利因为属于缺乏任何具体功能的抽象思想，遭到某些倡导者的抛弃和批评。在美国，相关讨论中经常被引用的具有里程碑意义的判决是 Bilski v. Kappos。[47] 作为确定专利资格的工具，Bilski 案中法院支持"机器或转换标准"（machine-or-transformation test）（但重申它不是作出该判决的唯一标准）。机器或转换标准表明，获得专利的方法是通过非常规机器完成的，或者该方法可以将物品从一种状态转换为另一种状态。传统上，"商品"（article）[1] 是可以保留的，但是有的法院最终在一定程度上支持了电子信号的可专利性，后来的一些案件处理了在互联网上完成的过程。

第四节　其他专利权问题

关于专利的书面描述（written description）和可实施性（enablement）要求，基于人工智能的发明可能会利用作为训练过程的一部分而演变形成的模型或网络，而训练过程本质上是概率性的，这使得可重复性具有挑战性或不可能。如果我们无法描述人工智能系统算法如何创造发明时，如何让专利申请传达制造和使用发明的信息？鉴于方法是美国专利法中的法定专利客体这一背景，我们可以聚焦基于神经网络的运行而创造发明的人工智能，考虑算法的可专利性。神经网络属于机器学习算法的子集，受到生物学上大脑神经元连接的启发。神经网络节点在网络中传输信息时，会尝试以类似于生物神经元功能的方式"激活"。我们可以将若干输入（数值）引入节点，并且基于经过加权处理的输入值，可以使用激活函数（activation function）"激活"节点。激活函数通常将输出从 0 缩放（scale）到 1，并结合一些阈值，以便节点仅输出 0 或 1。在训练期间，输入（具有预期的已知输出）通过网络传递，同时计算预期输出和网络输出之间的误差。这些误差又接着通过网络"反向传播"，从而调整每个节点的权重以便实现正确的输出。一旦经过训练，神经网络可用于对新输入数据进行估计，这也被称为"推

161

[1] article，是指制造方法的产物，可以是具体的商品或者物质。参见 Black's Law Dictionary（11th ed. 2019）。——译者注

理"模式。上述描述强调了一个事实，即人工智能技术可以应用于许多方法，再加上精心编写的权利要求，可能会符合专利资格。

第五节　专利法和人工智能概要

随着人工智能在各个领域的应用日益增多，本章提出的专利法问题不可避免地需要由立法者、专利局或法院来回答。在提出新的专利申请时，起草者应牢记围绕客体资格、发明人、所有权以及"具有通常技术者"的技能水平等的想法。最迫切需要解决的问题是客体资格问题，以确保不会扼杀这个新兴领域的创新。[48] 因此，我们必须重新审视"人""发明人"和"个人"的定义，以便我们对发明人和所有权的理解随着技术的快速发展而发展。[49] 此外，无论人工智能是否被认为是发明人，我们都必须回答具有通常技术者的技能水平问题。及早识别和解决这些问题将使专利法能够与人工智能发明人实现同步发展。[50]

关于人工智能发明，专利资格考虑因素有无独特之处——除了上面讨论中提供的材料之外，我们可以问，人工智能发明的哪些部分应该有资格获得专利保护（训练过程、机器学习模型本身，经训练的模型的实际应用等）？但是，归根结底，只要人工智能没有被授予发明人身份，现有的法定规则和指南就可以很好地应对即将涌现的人工智能相关专利。与软件专利一样，人工智能相关发明仅声称可以达到预期结果或仅执行收集、分析和呈现数据的常规步骤的，很可能不具有可专利性。相反，人工智能发明在专利说明中作了有力的描述，并声称作为集成到现实应用中的特定解决方案的，更有可能具有可专利性。

162

对"在没有人类作者的任何创造性输入或干预"的情况下，完全由机器创作的作者作品，各国著作权法禁止授予版权保护（参见第八章）。专利局是否会采用这种必要的人工干预或协作的要求，还有待观察。如果专利局和法院确定不对人工智能授予专利，那么对于人工智能发明而言，负责人工智能发明的人类之中谁应该被视为发明人？可能的人类发明者名单包括人工智能软硬件开发人员、提供数据集用于训练人工智能的专业人士或专家、为人工智能开发提供输入的开发人员和／或审查人工智能结果并认可发明已经完成的人员。发明概念（inventive concept）的可预测性也可能是基于人工智能的发明的影响因素之一。如果程序员开发人工智能时心中有特定目标，并且人们可以预测人工智能会产生特定的结果，那么此人很可能已经有了创造性的概念，使用人工智能作为工具来将思想付诸实践。[51]

专利所有权通常会涉及发明人的问题，因此当人工智能可以自行开发代码并自行构思发明时，这一问题就会变得复杂。一种方法是允许人工智能发明人被指定为第一顺位的所有者，要求对所有发明进行转让和许可。[52] 另一种方法是让计算机的所有者或算法的所有者成为第一顺位的所有者，从一开始就将发明人身份与所有权分离。鉴于人工智能可以在其初始编程出现之后继续发展，发明人和所有权问题可能需要在初始人工智能编程数年后才能得到解答。在这种情况下，开发、转让和雇佣合同可能必须考虑到这种持续和持续进行的人工智能发明及其所有权的可能性。[53]

注释

1. 根据欧盟委员会 2002 年的新闻稿，自《欧洲专利公约》于 1978 年生效以来，欧洲专利局已经颁发了至少 30000 项计算机实施的发明专利。美国专利商标局（USPTO）每年收到数十万件专利申请。此外，世界知识产权组织的报告称："自 1950 年代出现人工智能以来，创新者和研究人员已提交近 340000 项与人工智能相关的发明申请，并发表了超过 160 万篇科研成果。"Further, the WIPO reported: "Since artificial intelligence emerged in the 1950s, innovators and researchers have filed applications for nearly 340000 AI-related inventions and published over 1.6 million scientific publications," WIPO, *Technology Trends 2019*: *Artificial Intelligence*, accessed 15 July 2020 at https://www.wipo.int/edocs/pubdocs/en/wipo_pub_1055.pdf.

2. Shlomit Yanisky-Ravid and Xiaoqiong（Jackie）Liu, *When Artificial Intelligence Systems Produce Inventions: The 3A Era and an Alternative Model for Patent Law*, 39 Cardozo Law Review 2215（2018）.

3. 美国专利商标局在联邦公报上刊登一则通告，标题是"对人工智能发明的专利授予问题征求意见"。*Request for Comments on Patenting Artificial Intelligence Inventions*, 84 Fed. Reg. 166（27 August 2019）之后不久，美国专利商标局又发布了一则通告，标题是"对人工智能创新知识产权保护问题征求意见"，扩大了征求意见的事项范围，从人工智能专利扩大到涵盖受人工智能影响的著作权、商标和其他知识产权。*Request for Comments on Intellectual Property Protection for Artificial Intelligence Innovation*, 84 Fed. Reg. 210（30 October 2019）。美国专利商标局在第三次发布的通告中讲征求意见的截止期限延长到 2020 年 1 月 10 日。

4. 充分满足公开或可实施性是专利法的要求，根据该要求，专利申请必须充分详细地公开要求保护的发明，其详细程度能够让名义上的本领域技术人员实施所要求保护的发明。

5. 在大多数专利法体系中，先前技术（现有技术或背景技术）由在给定日期之前以任何形式向公众提供的可能与专利的独创性声明相关的所有信息构成。

6. Paul England, *A Practitioner's Guide to European Patent Law: For National Practice and the Unified Patent Court*, Hart Publishing, Oxford 2019；Amanda Reid, Kenneth L. Port, and Sean Yu, *Fundamentals of United States Intellectual Property Law: Copyright, Patent, and Trademark*, 6th ed., Wolters Kluwer, New York, NY 2018.

7. England, id.

8. England, id.

9. 欧洲专利组织（EPO）是一个政府间组织，于 1977 年 10 月 7 日根据 1973 年在慕尼黑签署的《欧洲专利公约》（EPC）成立。它有两个机构，即欧洲专利局（the European Patent Office）和行政委员会（the Administrative Council）。

10. 在美国，专利要求是：发明必须是法定的、新颖的、有用的和非显而易见的。

11.《印度专利法》（Indian Patent Act 1970）第 3 节规定："以下不属于本法所指的发明……（d）：仅发现一种已知物质的新形式，但不会增强该物质的已知功效，或仅发现已知物质的任何新属性或新用途，或仅发现已知方法、机器或设备，除非此类已知方法产生新产品或使用至少一种新反应物。"

12. Japanese Patent Act, Art. 2.

13. See John M. Rogitz, "Intelligence Offer Guidance for Other Offices on Treating AI Inventions," 2019, accessed 15 July 2020 at https://www.ipwatchdog. com/2019/02/28/jpo-examples-on-artificial-intelligence-offer-guidance-for-other-offices/ id=106835/.

14. Examination Standards Office, Japan Patent Office, *Newly Added Case Examples for AI-Related Technologies*, 30 January 2019, accessed 15 July 2020 at https://www.jpo.go.jp/e/system/laws/rule/guideline/patent/document/ai_jirei_e/jirei_ tsuika_e.pdf.

15. Id.

16. Rogitz *supra* note 13.

17. Id.

18. See generally *supra* note 6.

19. §101 规定的专利资格调查只是一个门槛测试。即使一项发明符合方法、机器、制造或物质合成的条件，为了获得专利法的保护，所要求保护的发明必须同时满足"本编规定的条件和要求"（§101）。这些要求包括发明是新颖的，参见§102；非显而易见的，参见§103；完整而且具体描述，参见§112。

20. "'方法'一词是指工艺或方法，包括对已知方法、机器、制造、物质合成或材料的新用途"；有关这四个类别的详细信息，参见 MPEP §2106.03。

21. 司法例外（也称为"司法认可的例外"或简称"例外"）是法院认定不属于四种法定发明类别，构成其例外的客体，仅限于抽象思想、自然法则和自然现象。

22. See *Alice Corp. Pty. Ltd. v. CLS Bank Int'l*, 573 U.S., 134 S.Ct. 2347, 2354, 110 USPQ2d 1976, 1980（2014）；有关司法例外的详细信息，参见 MPEP §2106.04。

23. See *Alice Corp.*, 134 S.Ct. at 2354, 110 USPQ2d at 1980; *Mayo Collaborative Servs. v. Prometheus Labs., Inc.*, 566 U.S. 66, 71, 101 USPQ2d 1961, 1965（2012）.

24. See *Alice Corp.*（citing *Diamond v. Diehr*, 450 U.S. 175, 187, 209 USPQ 1, 8（1981））. See also *Thales Visionix Inc. v. United States*, 850 F.3d. 1343, 1349, 121 USPQ2d 1898, 1902（Fed. Cir. 2017）（"需要一个数学方程来完成要求保护的方法……"）.

25. See *Alice Corp.*（citing *Gottschalk v. Benson*, 409 U.S. 63, 67, 175 USPQ 673, 675（1972））.

26. *Mayo Collaborative Services v. Prometheus Laboratories, Inc.*, 566 U.S. 66

（2012）.

27. Id.

28. See *Alice Corp.* (citing *Mayo*, 566 U.S. 66, 101 USPQ2d 1961).

29. Id. citing *Mayo*, 566 U.S. at 72–73, 101 USPQ2d at 1966.

30. Id. citing *Mayo*, 566 U.S. at 72–73, 101 USPQ2d at 1966.

31. *Diamond v. Diehr*, 450 U.S. 175 (1981).

32. Id. at 187.

33. 例可参见 *Gottschalk v. Benson*, 409 U.S. 63–72 (其范围必须限于特定、创造性的法则应用)。

34. Reid et al., *supra* note 6.

35. 35 U.S.C. § 100 (f).

36. *New Idea Farm Equip. Corp. v. Sperry Corp.*, 916 F.2d 1561, 1566 n.4 (Fed. Cir. 1990).

37. Ben Hattenback and Joshua Glucoft, *Patents in an Era of Infinite Monkeys and Artificial Intelligence*, 19 Stanford Technology Law Review 32, 46 (2015).

38. Ninth Edition of the MPEP, Revision August 2017, last revised in January 2018.

39. Susan Y. Tull, "Patenting the Future of Medicine: The Intersection of Patent Law and Artificial Intelligence in Medicine," 2018, accessed 15 July 2020 at https://www.finnegan.com/en/insights/ articles/patenting-the-future-of-medicine-the-intersection-of-patent-law-and-artificial-intelligence-in-medicine.html.

40. "Is Software Patentable in the United States," accessed 15 July 2020 at https://www.shahiplaw. com/software-patents/.

41. See, for instance, decisions: T 115/85 (OJ EPO 1990, 30), headnote 1: "自动给出关于设备或系统中普遍存在的条件的视觉指示，基本上属于技术问题"；T 877/92, p. 11, Reasons 4, to p. 13, Reasons 5；T 928/03, catchword 1, "I. 使在显示屏上可能隐藏的指示符对于交互式视频游戏的用户来说清晰可见，并不是专门针对人类的心理过程，而是为显示提供了客观的技术功能（technical function）。可视化信息也将进入与屏幕上显示的视频游戏交互的用户之决定，这一事实并不会取消上述功能性品质（functional quality）不会因为而取消（point 4.1.1 of the reasons）。"

42. Stefan Steinbrener, "Case Law of the EPO Boards of Appeal: A Review by Internal and External Experts—The Patentability of Computer-Implemented Inventions, Part 1: The Legal Basis for Patentability—Article 52 EPC," 23–24 March 2011, European Patent Office, Munich, Germany, accessed 15 July 2020 at https://www.epo. org/law-practice/legal-texts/html/caselaw/2019/e/ clr_i_a_2_4.htm.

43. T 1358/09（Classification/BDGB ENTERPRISE SOFTWARE）.

44. S.L. Thaler，US Patent 5，659，666，"Device for the autonomous generation of useful information," issued 19 August 1997，US Patent and Trademark Office，Washington，DC.

45. 欧洲专利局引用了许多与个人姓名相关权利的成员国规则，德国部分参见 § 12 of the German Civil Code（in ger: BGB），法国部分参见 Art. 57（2）of the French Civil Code，意大利部分参见 Art. 6（1）of the Italian Civil Code。

46. 35 U.S.C. 101 and 35 U.S.C. 112（f）解释了某些类型的方法权利要求［有时称为"步骤加功能"（step plus function）权利要求］将涵盖一系列步骤（"相应地……说明书中描述的行为及其等价物"）。

47. *Bilski v. Kappos*，561 U.S. 593，609，95 USPQ2d 1001，1009（2010）.

48. Tull *supra* note 39.

49. Id.

50. Id.

51. Id.

52. Russ Pearlman，Recognizing *Artificial Intelligence (AI) as Authors and Inventors under U.S. Intellectual Property Law*，24 Richmond Journal of Law and Technology 2，2018.

53. Id.

第十章　商法、反垄断和商业秘密

第一节　对人工智能适用商法

考虑到每天发生的商业交易的数量，商法已经成为法律和人工智能的一个重要话题。[1] 许多企业都在围绕人工智能建立自己的核心商业领域，向客户提供人工智能资源。对于企业来说，人工智能的一项重要应用便是订立合同，企业可以利用人工智能将订立合同的各个方面加以自动化；某种程度上，在电子商务领域，这一实践已经超过 10 年。[2]

对于通过互联网从事商业活动的企业来说，人工智能的应用可以带来诸多优势。例如，人工智能系统可以自动审查合同，采用自然语言处理（NLP）算法进行分析，判断合同哪些内容可以接受，哪些可能存在问题。[3] 此外，人工智能可以让采购团队监督现有的协议，让采购团队获得重新谈判采购协议时所需要的协议。[4] 规制团队（regulatory teams）也可以利用人工智能对企业业务获得全面的认识，促进企业业务合规，确保企业随时准备好应对兼并和收购（M&A）机会和尽到审慎注意义务。[5] 因为人工智能缔约软件是利用数据集（合同）训练其算法，从而识别模式，提取关键变量（条款、日期、缔约方等等），它可以让企业高效管理其合同和协议，因为它能够快速查阅每份合同的条款。[6] 在这种情况下，机器学习等人工智能技术可以熟练地处理下列事项：

（1）模式识别。采用具备无监督学习能力的人工智能，让人工智能发现之前没有被察觉的合同数据中的模式和相互联系。

（2）发现异常（Anomaly identification）。与上述相关的是，人工智能可以搜索合同，分析合同内部的联系，发现异常。

合同要在法律上有效，必须满足下列要求：（1）合同存在两个或者两个以上独立和确定的当事人；（2）合同当事人必须意思表示一致，也就是说形成合意；（3）当事人必须意图创设法律关系；（4）合同各方当事人的要约必须得到约因的支持，也就是某种作为承诺之对价的有价值的东西。缔约程序的这些方面，无一不受到人工智能应用的影响。

1.1　商业交易的规制

法学教授劳伦斯·舒尔茨（Lauren Scholz）认为[7]，"算法合同"（algorithmic contracts）可以用于确定当事人的合同义务；例如，发挥订立合同前谈判者的角色，选择要约或者接受要约的条件。其他合同可能是"基于算法的"，因为合同当事人同意算法可以在合同订立之后的某一段时间内发挥填补合同空白的作用。[8]此类协议已经普遍应用于金融产品的高频交易领域，很快将会拓展到上述讨论涉及的其他场景。[9]

正如上文所指出的，人工智能技术的应用将会对现行的合同法提出挑战。对于合同法来说最明显的问题将会是黑箱算法主体（black-box algorithmic agents）的应用，它所作出的决策如果不能在事前理解其功能，或者有的时候完全无法为人类智能所理解（human-intelligible）。[10]正如舒尔茨所指出的，根据目前对合同法的人们普遍理解的进路，支持对合同订立的基于算法的进路的可强制执行，理由是不充分的。例如，在美国的《统一电子交易法》

（the Uniform Electronic Transactions Act，缩写 UETA）中，尽管没有直接提及人工智能，但是该法是在将近 20 年前起草的，目的是要确保采取自动化技术以电子方式订立的合同会被视为是可强制执行的。但是，《统一电子交易法》中所使用的广泛的表述，可以被解读为将所有通过算法订立的推定成立的合同是以合适方式订立的，只是因为它们恰好采用了电子方式。[11]

在舒尔茨看来，合同订立过程中所采用的某些算法负有一定的责任，这可以证明采用代理原则（agency principles）作为回应是有正当性的。[12]就此而言，算法可以被视为是为了合同订立目的而推定存在的主体。同意合同的公司可以被视为已经授权或者批准由算法代表公司订立的合同。这一进路可以解释为什么算法合同，即使是黑箱的算法合同，也是可以执行的。不仅如此，舒尔茨还认为，证明算法的行为或缔约方的意图之间存在法理上合理的联系，将会促进算法上的问责度。[13]

正如上述讨论所表明的，人工智能在商业交易中的应用，很多时候涉及电子商务；因此，我们可以对某些关键性的电子商务条例进行简短回顾。电子商务这一术语可以被解释为"以数字形式或者在电子平台上实施的商业活动"，或者"在互联网上买卖商品和服务"。在欧盟国家，《电子商务欧洲计划》（the European Initiative in Electronic Commerce）尽管没有提及人工智能，但是它将电子商务描述为：当事人通过电子而非物理交换的方式进行互动的任何形式的商业交易。电子商务条例的核心在于两大领域：电子缔约和电子签名。

在欧盟，《联合国国际贸易法委员会电子商务示范法》（UNCITRAL Model Law on Electronic Commerce）和《联合国国际贸易法委员会电子签名法》(the UNCITRAL Model Law on Electronic Signatures) 就是为了电子商务交易而特定采纳的。而且，在欧盟内部，《有关电子商务的欧共体指令》(the EC Directive on Electronic Commerce) 在成员国之间规制内部市场的电子交易过程中也发挥着重要作用。它所规定的一般性框架，目的是增强电子商务在法律上的确定性，促进电子商务交易的效率，确保信息服务在成员国间内部市场的自由流动。《有关电子商务的欧共体指令》的主要条款是经营者在商业通信中的透明义务；电子信息的有效性，以及对中介服务提供者的责任进行限制。

在美国，《统一商法典》(the Uniform Commercial Code，简称 UCC) 全面体现了调整所有商业交易的法律规范，得到各州一致的采纳。不仅如此，在《统一商法典》第 2 条的修订建议基础上形成的 1999 年《统一计算机信息交易法》(the Uniform Computer Information Transactions Act of 1999，缩写 UCITA) 也由美国统一州法全国委员会（ the National Conference of Commissioners on Uniform State Laws，简称 NCCUSL) 通过成为示范法。但是，在本书写作之际，该法只在马里兰和弗吉尼亚两州被采纳成为法律。与人工智能相关的是，1999 年《统一计算机信息交易法》为软件许可和其他计算机信息交易提供了一份"统一商法典"。它就数字签名、电子记录、电子代理人、许可计算机信息和存储设备等问题规定了若干实质性和综合性的规则。不仅如此，2000 年，促进电子签名应用的一致性和稳定性，为国际电子商业交易提供便利，国会通过了《全球和全国性商业活动中的电子签名法》[the Electronic Signatures in Global and National Commerce Act（ ESIGN Act) of 2000] [14]。

为了对现在似乎内容广泛足以涵盖人工智能的法律举例说明，以下例子代表了弗吉尼亚有关电子代理人之使用规定的状况。电子代理人（electronic agents）是计算机程序，或者电子或者自动化的手段，可以通过独立使用以启动一项行为或者对电子记录或行为作出全面或者部分的反应，而无需对某一个人进行审查或者采取行动。[15]

弗吉尼亚法典（Code of Virginia）

Title 59.1. Trade and Commerce，Chapter 43. Uniform Computer Information Transactions Act，Article 2. Formation and Terms，§59.1–502.6. 要约与承诺（Offer and acceptance）；电子代理人

（a）合同可以通过电子代理人之间的互动方式成立。如果该互动导致电子代理人实施的操作，在该情形下表明接受要约，合同即告成立，但是法院可以给予适当救济，如果电子行为体的操作是出于欺诈、电子错误，或者类似原因。

（b）合同可以通过一个电子代理人与另一位代表他人或者为他人利益而行事的个人之间互动的方式成立。如果个人采取行动或者发表声明，表明个人可以拒绝采取行动或者发表某项声明，并且个人有理由知道将会：

① 导致电子代理人实施、提供利益，或者允许使用或者访问合同的标的，或者发送这么做的指令；或者

② 表明接受承诺，无论有理由相信电子代理人无法作出反应的个人是否可以作出任何其他意思表示或者行为。

第二节　反垄断法和人工智能

我们可以接着讨论人工智能将如何影响企业。算法可能会影响市场的运行，并且因而产生竞争法上规定的直接或者间接影响。[16]在下一节里，我们将对人工智能的应用如何影响反垄断法的问题进行更深入的分析。首先，我们注意到在美国，反垄断法被编入《谢尔曼法》（the US Sherman Act，15U. S. C. §1）第一节之中，该节禁止订立限制贸易的协议。而在欧盟，《罗马条约》（the Treaty of Rome）第85条禁止订立产生扭曲竞争效果的协议，特别是固定定价的协议。

人工智能技术因为若干原因，对于反垄断规制和兼并立法提出了一系列独特的挑战。当人工智能是明确为了促进与其他人工智能或者计算机程序之间共谋而设计的，或者是为了根据竞争对手的定价变化进行协同处理（parallel pricing changes）而设计的，就会出现冲突。传统的反垄断法主要是建立在适用于诸如铁路、石油和钢铁之类更传统的一些行业的规制计划基础之上的。

反垄断法的规定往往是集中在诸如公司规模之类宽泛的因素基础之上；但是，在大数据领域，竞争方面的考虑主要集中在人工智能技术之类工具的能力和潜力。[17]例如，基于人工智能的定价工具现在已经有能力做出下列行为：

（1）从互联网中梳理竞争对手的定价；

（2）搜索数据库，获取相关历史数据；

（3）分析数字化的信息集；

（4）作出定价决策和提出解决方案。

210

2.1 有关兼并与共谋的关切

人工智能技术已经在兼并和共谋两个主要领域引发人们对反竞争效果的关切。[18] 企业并购领域涉及的数据量庞大，让利用人工智能技术的公司取得了相对于竞争对手的优势。有人担心科技巨头企业所拥有的大量数据集可能成为小型初创企业的进入壁垒，从而限制某些领域的竞争。不同的是，也有人认为，如果考虑到存在数据收集和销售市场，掌握大量数据并不必然构成不正当的竞争优势。不仅如此，在有的情况下，新兴技术让规模尚小的市场进入者获取、存储和分析它们提高竞争力所需的数据。

2.2 共谋

人工智能与竞争法领域存在的最大关切问题之一是技术用于促进共谋和协同定价的前景。考虑到人工智能系统之间会进行类似下列情形的相互沟通和协调，共谋的发生可能是意料之中的：[19]

（1）算法成为影响行业的力量，发挥了据以围绕形成全行业范围共谋的"中心"（hub）。

（2）竞争者之间不再有任何正式的协议。相反，各个算法是平行存在的，它们可以针对对方的数据和市场价格（隐性共谋，collusion）持续调整。

（3）数字眼（Digital Eye）。迄今为止，随着大数据处理技术的进展，实现对市场的鸟瞰式观察（bird's eye view）；而且，人工智能的自主决策和学习可能会产生非常难以发现的共谋。

通过利用算法等人工智能技术，具有市场支配地位的主体可以发现新的方式来利用其市场支配地位，将其他公司排挤出市场。对于具有市场支配地位的公司，相关讨论的一个主要领域是它们是否应当将自己的数据集提供给特定市场中那些因为缺乏数据而在竞争上存在困难的公司。此外，算法可能完全改变了市场上供应商与客户之间互动的方式。通过监测价格、客户画像和行为等因素，算法可以生成"完美的价格歧视"，也就是说，精确地按照客户在特定时间和情形中的支付意愿来制定价格。从竞争法上看，个性化定价仍然是个相对较新的话题，提出的问题包括能否对人工智能作出的要约和交易进行对比，以及如何从竞争法的视角对其进行评价。[20]

商业领域的人工智能技术的性质使得我们有必要重新思考反垄断的规制进路。正如欧盟委员会和某些美国的决策者在过去几年里所承认的，共谋，特别是算法生成的隐性共谋，是反垄断法上的一项关切，因为担心的问题是如果没有任何责任或者直接的救济，可能会引发价格上涨等损害。规制机构在分析兼并交易和隐性共谋时，必须将企业的数据资产范围和规模、数据使用的性质（不仅所涉及数据的量）等因素纳入考量范围。[21]对于人工智能给竞争法带来的调整，另一种进路是增加特定类型数据的透明度（这当然也需要得到用户的同意），并且在有的情况下，强制要求分享各种类型的数据。其他进路还包括制定一套人工智能原则让各个公司共同遵循，甚至是设立中立的非政府组织监督公司的活动和调查冲突。[22]

第三节　商业秘密法

企业往往会将专有信息（proprietary information）作为商业秘密加以保护。[23]为了说明讨论商业秘密法对于人工智能之意义所具有的重要性，有必要再次提及 Loomis v. Wisconsin 案。[24]正如本书第三章和第七章所强调指出的，被告对威斯康辛州法院将基于算法的"闭源"（closed-source）风险评估软件用于刑事量刑的做法提出了质疑。Loomis 指控称使用作为商业秘密得到保护的风险评估软件，侵害了他获得正当程序对待的权利，因为该软件使得他无法质疑这一测试的科学有效性和精确性。COMPAS（Correctional Offender Management Profiling for Alternative Sanctions，替代制裁的矫正罪犯管理画像分析）这款软件的开发商认为这一软件是其专有的（proprietary），在审理时不应该将其公开。这一案件强调指出，人工智能技术的应用可能会导致不同的基本权利相互冲突；对于 Loomis 来说，是他在刑事案件中享有获得正当程序对待的宪法权利；对于 COMPAS 的开发商来说，它们对其专有算法享有加以保密的知识产权（商业秘密权）。

3.1 要求

商业秘密的门槛性要求（threshold requirement）是正在被保护的信息具有商业价值；例如客户名单、工艺方法，或者算法等秘密公式（secret formula）。[25] 不仅如此，商业秘密保护也不存在正式的申请程序，商业秘密可以无限期地得到维持，只要权利人采取合理预防措施保持该信息的秘密性。商业秘密的最小实体要求所提供的灵活性，以及缺乏正式申请程序，使它成为对于人工智能创新者和寻求保护人工智能技术的公司来说是一种宝贵的保护形式。[26]

商业秘密还可以由法院通过禁止盗用的方式，责令已经盗用了商业秘密的当事人采取措施保护其秘密性，并且责令支付权利金给商业秘密的所有权人。商业秘密的盗用被认为是一种不正当竞争行为形式，在美国的《反不正当竞争法重述（第三版）》[the Restatement（Third）of Unfair Competition］中也对此进行了讨论。如果商业秘密的持有人未能保持其秘密性，或者如果该信息被独立

171

213

发现、发布，或者以其他方式被公众所知悉，作为商业秘密获得保护的地位就丧失了。[27]

出于某些原因，作为商业秘密接受保护对于人工智能技术而言是一种理想的保护方式。例如，算法作为人工智能的关键要素之一，往往由数学上的公式所组成，根据专利法的规定属于抽象的思想，不能成为可以申请专利的对象；而且，与商业秘密不同，专利则需要向公众公开。但是，尽管作为商业秘密对人工智能技术加以保护，可以让公司安全地在不同领域应用人工智能，但是如果基于人工智能的系统不受制约，也不受规制，那么它可能会同时让歧视性社会结构得到延续和恶化，或者影响民众的基本权利。[28]

3.2　商业秘密的规制机构

世界贸易组织的成员和《与贸易有关的知识产权协定》的缔约方有义务对商业秘密给予保护。[29]从国际上看，商业秘密受到1995年《与贸易有关的知识产权协定》第39条的保护。该协定尽管没有使用"商业秘密"一词，但是规定保护"未披露信息"。此外，《与贸易有关的知识产权协定》第39条第2款要求成员国采取措施保护具备下列特征的信息——秘密、因为秘密而具有商业价值，采取合理措施予以保密——这些描述与商业秘密类似。欧洲议会批准，欧盟理事会采纳了有关保护未披露技术诀窍和商业信息（商业秘密），防止违法获取、利用和披露以实现在欧盟内部市场刺激创新和知识传播的指令。该指令第2条对商业秘密概念作出了统一规定。

从国际法上看，商业秘密受1995年《与贸易有关的知识产权协定》第39条的保护。虽然条文中没有使用"商业秘密"一词，但是该协定保护"未公开信息"（undisclosed information）。此外，

《与贸易有关的知识产权协定》第39条第2款要求成员国提供一种方法来保护具备下列特征的信息——秘密的，因为秘密而具有商业价值，并且需要采取合理的保密措施——这与商业秘密的描述类似。此外，欧洲议会批准，欧洲理事会采纳的欧盟2016年第943号指令［Directive（EU）2016/943］第2条规定的商业秘密的统一概念仅指具备下列特征的信息：（1）是秘密的；（2）因秘密性而具有商业价值；（3）需要采取合理措施加以保密。无论其表现如何，只要满足上述要求，人工智能技术都可以作为商业秘密进行保护。

在美国，虽然各州商业秘密法不同，但是相互之间仍然存在相似之处，因为几乎所有州都在某种程度上采纳了《统一商业秘密法》。《统一商业秘密法》是由非营利组织"统一法律委员会"（the Uniform Law Commission）制定的。此外，在美国，《2016年保护商业秘密法》（the Defend Trade Secrets Act of 2016）[30]是一部联邦法律，它允许商业秘密的所有者在其商业秘密被盗用（misappropriated）时向联邦法院提起诉讼。它强调了国会与《统一商业秘密法》密切合作的愿望，《统一商业秘密法》几乎在美国每个州都以某种形式得到采纳。从技术上讲，《保护商业秘密法》扩展了将某些窃取商业秘密行为定为刑事犯罪的1996年《经济间谍法》（the Economic Espionage Act）。

3.3　基本权利的保护

虽然企业在保护专有信息——例如作出决定的方法——方面拥有合法权益，但是个人也有合法权利知道算法等人工智能技术是以公平的方式开发和应用的。[31]随着算法变得更加自主，它们变得越来越难以预测和解释，因此，在某些方面难以问责。本书考察了人工智能的使用，特别是算法会如何侵犯基本权利。算法不仅有可能在司法程序中让历史上受到保护群体的宪法权利和人权状况恶化（参见本书第二章和第三章），而且算法还可能提供广泛的保护层，使其免受商业秘密法的审查。

当一项权利是对信息保密时，对不同权利缺乏社会权衡（social balancing），这使商业秘密法与公民权利和其他社会考虑发生冲突。鉴于刑事风险评估工具对少数族群的被告人产生不同影响（见第七章），商业秘密保护的商业偏好与保护公民权利的基本义务存在冲突。此外，使用算法对个人进行分类可能会影响社会生活的许多方面，例如，谁可以获得贷款或定罪判决将达到何种严重程度（见第五章和第七章）。这种事态引发了许多担忧。[32] 首先，考虑到算法处理的数据通常不向公众开放，因此人们无法测试和验证算法实现推理的证据。其次，算法是人类的产物，因此容易出错的不只是算法；它们承载了价值（value-laden）。最后，人们可能出于商业或政治原因而操纵算法。因此，有些人建议算法是透明的或至少是可解释的；也就是说，能够接受全面审查，以防止、发现或消除可能的偏见、各种歧视形式或不公平的各种根源。[33]

总而言之，商业秘密的广泛性，加上企业之间对保密的需求以及商业秘密保护固有的漠视社会正义考量因素的可能性，使得公司能够阻止大量信息受到审查。考虑到商业秘密法的调整范围广泛、易于获取以及对公司的吸引力不断增加，这一点尤其令人担忧。正如我们在第八章中所强调的，知识产权法试图通过防止信息保护不足和过度保护来优化社会福利。由于商业秘密保护在影响我们生活和社会系统的技术中发挥着重要作用，因此在公众和权利人之间平衡知识产权并符合社会需求变得越来越重要。在依赖透明度作为其合法性核心组成部分的情形中使用人工智能技术时，人工智能技术如果可能产生有害的社会后果，强有力的商业秘密保护将对基本权利构成威胁。应对这一挑战需要对商业秘密法进行改革，如果要完成这项任务，需要公司和司法系统的投入。

174

注释

1. Thomas H. Davenport and Rajeev Ronanki, *Artificial Intelligence for the Real World*, Harvard Business Review, January-February, 3, 2018, accessed 12 July 2020 at https://www.kungfu.ai/wp-content/uploads/2019/01/R1801H-PDF-ENG.pdf.

2. Gary Schneider, *Electronic Commerce*, 11th ed., Cengage Learning, Boston, MA 2014.

3. 例如，家得宝（Home Depot）和易贝（eBay）之类的公司已经在日常运营中使用人工智能驱动的合同审查（AI-powered contract review）服务。

4. Rob Toews, *AI will Transform the Field of Law*, Forbes, 2019, accessed 12 July 2020 at https://www.forbes.com/sites/robtoews/2019/12/19/ai-will-transform-the-field-of-law/#18d0ea8b7f01.

5. Id.

6. Id.

7. Lauren Scholz, *Algorithmic Contracts*, 20 Stanford Technology Law Review 128（2017）.

8. Id.

9. Id.

10. Id.

11. Id.

12. 代理是一种信托关系，由一个人向另一个人表示同意，要求另一个人代表他或她行事并受他或她的控制，并且另一人同意这样做。代理的存在可以通过表明双方交易过程的间接证据来证明。尽管普通法系和民法法系在传统上存在重要差异，例如在涉及因代理人错误行为而导致责任的限制相关原则方面，在本文讨论的情况下，我们可以忽略这些差异。See U. Pagallo, *The Laws of Robots*, Dordrecht, Springer 2013, p. 98.

13. Scholz *supra* note 7; see also Emad Abdel Rahim Dahiyat, "Intelligent Agents and Contracts: Is a Conceptual Rethink Imperative?" *Artificial Intelligence and Law*, 15, 375（2017）.

14. 15 U.S. Code Chapter 96, Electronic Signatures in Global and National Commerce.

15. 15 U.S. Code § 7006. Definitions.

16. Ariel Ezrachi and Maurice E. Stucke, *Artificial Intelligence & Collusion: When Computers Inhibit Competition*, 2017 University of Illinois Law Review 1775（2017）.

17. Id.

18. Id.

19. Id.

20. McDermott Will & Emery, *EU Competition Law and Artificial Intelligence*, 2019, accessed 12 July 2020 at https://www.lexology.com/library/detail. aspx?g=bc17f0c7-898e-4fa8-92e3- 7c0b224730d2.

21. See Ezrachi and Stucke *supra* note 16.

22. Ezrachi and Stucke *supra* note 16.

23. Mariateresa Maggiolino, "EU Trade Secrets Law and Algorithmic Transparency," Bocconi Legal Studies Research Paper No. 3363178, 2019.

24. *Loomis v. Wisconsin*, 881 N.W.2d 749（Wis. 2016）, cert. denied, 137 S.Ct. 2290（2017）.

25. Elizabeth Rowe and Sharon Sandeen, *Cases and Materials on Trade Secret Law*, 2nd ed., West Academic Publishing, St Paul, MN 2016.

26. Brian T. Yeh, "Protection of Trade Secrets: Overview of Current Law and Legislation," Congressional Research Service, 2016, accessed 14 July 2020 at https:// www.everycrsreport.com/ reports/R43714.html.

27. See generally, The World Trade Organization, *Intellectual Property Protection and Enforcement*, accessed 8 January 2017 at https://www.wto.org/english/thewto_e/ whatis_e/tif_e/agrm7_e.htm.

28. A.R. Lange, "Digital Decisions: Policy Tools in Automated Decision-Making," Center for Democracy and Technology, 2017, accessed 14 July 2020 at https://cdt.org/ files/2016/01/2016-01-14-Digital-Decisions_Policy-Tools-in-Auto2.pdf.

29. See C. Gaido, *The Trade Secrets Protection in U.S. and in Europe: A Comparative Study*, 130 Revista la Proprietad Immaterial 129（2017）.

30. Pub.L. 114–153, 130 Stat. 376, enacted 11 May 2016, codified at 18 U.S.C. § 1836, *et seq*.

31. Joshua A. Kroll, J. Huey, S. Barocas, E. Felten, J.R. Reindenberg, D.G. Robinson, and H. Yu, *Accountable Algorithms*, 165 University of Pennsylvania Law Review 23（2017）; 有关普通法系和民法法系传统比较, 参见 U. Pagallo, *Algo-Rhythms and the Beat of the Legal Drum*, 31 Philosophy & Technology 507（2018）。

32. Alyssa M. Carlson, *The Need for Transparency in the Age of Predictive Sentencing Algorithms*, 103 Iowa Law Review 303（2017）.

33. 关于可解释性原则（principle of explicability），参见 Luciano Floridi et al., *AI 4 People: An Ethical Framework for a Good AI Society—Opportunities, Risks, Principles, and Recommendations*, 28 Minds and Machines 689（2018）。这一原则的目标是通过可理解性（intelligibility）和可问责性实现自主和正义。

第十一章　展望：迈向人工智能法

第一节　引　言

在讨论法律和技术的未来方向时，对人类和人工智能进行一些比较是值得的。正如人类智能包括认知、运动、空间、听觉和其他类型的智能一样，人工智能也表现出不同类型的智能。同样，正如人类执行众多不同任务一样，从一般劳动、精细手术到不同复杂领域的决策，人工智能实体也开始执行相同类型的任务。因此，考虑到人工智能，特别是机器学习的进步，人工智能正在挑战许多法律领域也就不足为奇了；这些法律领域包括合同、侵权、民事诉讼、宪法、人权法、商法、知识产权法等。

同样值得注意的是，法律的设计主要是为了处理涉及人类的纠纷，即规范人类行为，有时也规范公司的行为（在法人身份的虚构下）。后者反映的事实是法律必须适应企业如何运营以及如何将责任分配给公司的现实。但是，法律也必须适应日益智能和自主的人工智能形式的使用。一个变化的领域将是反映使用人工智能对现行法律带来的挑战；另一个变化的领域虽然是更遥远的挑战，将是法律应当如何改变以适应智能水平上最终可能超越人类的人工智能实体的问题。问题可能将不是保护人工智能实体有关的人权，而是人工智能实体是否应该被授予基本权利和允许自我保护。

在人工智能时代，法律必须考虑的一个关键区别是人类与当前设计的人工智能实体之间的主要区别，这当然是人类具有自我意识，即有意识。当前没有任何人工智能实体有意识和自我意识（也许它们永远不会），因此还没有人工智能实体被认为做出行为、有意发明新事物或写作有创意的故事所需要的精神状态。然而，正如本书所表明的那样，尽管有意识的人工智能会引发重大的法律和政策问题，将人工智能用于各种任务的一般行为已经在许多领域挑战了法律。

在我们看来，如果人工智能继续变得更加智能、更加自主，可以摆脱人类的输入和控制，那么法律面临的最大挑战将会出现。在这方面，图 11.1 显示了对人工智能发展进行分类的三种主要方法——第一，限制领域人工智能，即人工智能系统的当前图景，可以称为限制领域的人工智能。第二，通用人工智能，人工智能发展达到人类智能水平的可能性，人工智能在所有领域的表现都将与人类相媲美。第三，超人工智能，人工智能在智能水平上未来可能超越人类。

从图 11.1 来看，本书主要关注前两类人工智能及其对当前法律体系的影响，只在一定程度上研究了法律是否应该赋予人工智能实体以新的权利，或者人工智能超过人类的能力时，是否应该立法赋予新一代的人权。考虑到本书所属的"爱德华·埃尔加法律高级导论系列丛书"对简洁性的要求，本书集中讨论人工智能可能发生的从第一阶段到第二阶段重大发展的过渡；出于必要性的考虑，我们没有涵盖所有可能受到日益聪明的人工智能影响的法律问题；例如，行政法、与工作场所相关的规制，以及其他受到人工智能使用挑战的法律领域。

但是，我们认为有必要简要讨论一下目前正在受到人工智能挑战的其他法律领域，为本书对这一主题的讨论画上句号。在这个过程中，我们强调这些其他法律领域的共同点，特别是涉及图 11.1 所示的限制领域人工智能和通用人工智能方面。鉴于人工智能及其法律规制所特有的规范挑战，如果超级人工智能出现的话，我们将会遭遇何种情形，本章第四节也提供了一些初步想法。

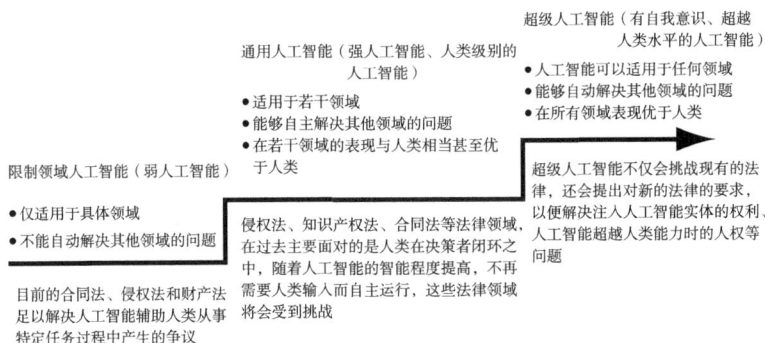

通用人工智能（强人工智能、人类级别的人工智能）

- 适用于若干领域
- 能够自主解决其他领域的问题
- 在若干领域的表现与人类相当甚至优于人类

超级人工智能（有自我意识、超越人类水平的人工智能）

- 人工智能可以适用于任何领域
- 能够自动解决其他领域的问题
- 在所有领域表现优于人类

限制领域人工智能（弱人工智能）

- 仅适用于具体领域
- 不能自动解决其他领域的问题

侵权法、知识产权法、合同法等法律领域，在过去主要面对的是人类在决策者闭环之中，随着人工智能的智能程度提高，不再需要人类输入而自主运行，这些法律领域将会受到挑战

超级人工智能不仅会挑战现有的法律，还会提出对新的法律的要求，以便解决注入人工智能实体的权利、人工智能超越人类能力时的人权等问题

目前的合同法、侵权法和财产法足以解决人工智能辅助人类从事特定任务过程中产生的争议

图 11.1 人工智能的三个发展阶段（限制领域人工智能、通用人工智能和超级人工智能）和受日益聪明的人工智能影响的法律问题

第二节 人工智能法的更多挑战

我们注意到对于法律和人工智能来说重要的还有下列主题（不完全列举）：

（1）行政法。该领域的人工智能挑战与其性能和一些概念性挑战有关。行政机关和机构越来越依赖软件和算法来履行法律授权的职责。人工智能的使用对自动化的这种依赖引发了一些法律挑战。例如，可能会出现剥夺福利和权利、限制旅行，以及为残疾人提出的问题，这些问题会因人工智能的使用而增加。[1]从概念的角度来看，人工智能也会影响行政法领域的关键概念，例如行政"裁量权"等。[2]

（2）金融规制。过去几年，欧盟和美国越来越认识到人工智能带来的规制挑战。其中一些挑战涉及侵权、保险和行政法领域。例如，欧盟2014/65号指令（Directive 2014/65/EU）涉及金融工具市场。除了应如何调整金融规制以考虑人工智能技术的使用之外[3]，立法者还认可了沙盒之类的法律实验形式，以便开发遵守相关标准的人工智能系统认证。[4]

（3）健康。基于不同数据和学科的知识网络，"精准医学"（precision medicine）与"利用大数据在精准预防、数字流行病学和数字健康监测方面的潜力，解决公共卫生需求"[5]的新方式并驾齐驱。卫生部门的大部分规定是在国家部门制定的；但是，生物医学和人工智能等数据密集型领域提出了一系列关于电子健康部门（e-health sector）监督结构和流程的共同问题。[6] 2020年，世界卫生组织成立了一个工作组，负责考虑如何规制将人工智能用于健康目的。

（4）战争法。自2000年代中期的第二次海湾战争以来，学者们越来越多地讨论人工智能如何影响战争法（LAWS）和国际人道主义法，即《1907年海牙公约》（the 1907 Hague Convention）、1949年起的四部《日内瓦公约》和1977年关于保护国际和非国际武装冲突受害者的两项附加议定书。在2010年提交联合国大会的报告中，法外处决、即决处决或任意处决问题特别报告员（Special Rapporteur）克里斯托夫·海恩斯（Christof Heyns）敦促时任联合国秘书长潘基文召集专家组以解决"是否应该允许致命武力完全自动化的问题"。[7]自2014年以来，在联合国和《特定常规武器公约》（the Convention on Certain Conventional Weapons）的支持下，各国政府专家构成的小组正在讨论人工智能和自动化在战场上的挑战，但是目前还没有解决方案。

（5）工作场所相关的法律。我们既可以将人工智能理解为对人类的支持，也可以将其理解为人类的替代品。在这两种情况下，人工智能都引发了一系列与劳动法有关的新问题，例如雇主责任、机器人发布指令、算法解雇、平等待遇和非歧视等。[8] 这些问题有的与本书前面部分讨论的领域（例如第五章数据保护和第十章商法）部分重叠。此外，在规制人工智能时，我们可能会考虑雇员有权将有关雇主监督的关键问题委托给人工智能，以及人工智能的使用是否会发展成为雇员行为的公认标准。例如，公司董事需要至少在某些情况下使用人工智能。[9]

（6）身体和技术相关的问题。随着医疗器械越来越多地可用于修复或在某些情况下增强人体机能，此类医疗器械基于算法／人工智能，并对身体和体域网络（body-area networks）的网络安全造成挑战。随着生物技术的发展加速，这些新兴的法律问题也将获得发展的动力。

由于当前对人工智能的法律规制通常依赖于具体场景，我们可以回到之前的问题，即不同的应用对于人工智能法律有哪些共同的问题和挑战。对人工智能法律治理的关注补充了我们之前关于人工智能特有的法律挑战[10]，以及它们如何与人格、合同、责任和人权问题相关的评论。人工智能的法律治理涉及：（1）自上而下的监管形式；（2）多种自我监管方式，但是有限的问责或法律框架；或（3）介于自上而下和自下而上方法之间的合作规制解决方案，正如我们在上文第五章中所讨论的，符合欧盟《通用数据保护条例》第5条。

第三节　人工智能的法律治理

在考虑如何规制人工智能时，需要根据场景来应对人工智能的法律挑战。场景依赖的方法涉及对特定监管领域的分析，例如自动驾驶汽车和无人机系统（UAS）、健康和金融，以及不同法律体系之间的比较。例如，根据 2016 年白宫、欧盟议会和英国下议院分别发布的人工智能报告，我们得出结论，大多数规制工作都围绕政府与私营企业之间的合作展开。美国有规制利益，而欧盟委员会正在考虑设立欧盟法律的新咨询机构；此外，英国还有常设委员会。[11]

虽然中国和俄罗斯强调严格的自上而下的路径——而美国则采用自下而上的路径，目前欧盟的辩论和倡议可能采取的是更多的中间路径来规制人工智能。例如，《通用数据保护条例》的合作规制模型揭示了自下而上和自上而下解决方案的替代方法；此外，如第五章所述，《通用数据保护条例》的合作规制模式是人工智能处理个人数据的有效法律。

尽管我们强调了法律体系和多个法律部门之间的差异，但是我们不应忽视这些法律体系和法律规制领域可能具有的共同主题。人工智能治理工作有助于我们在原则、碎片化风险、法律实验形式和技术规制模型方面构建此类共性的框架。我们可以将法律和人工智能及其治理的共同问题分为四组，以帮助我们理解法律观念和规则是如何演变的，或者由于基于人工智能的技术的快速发展而目前处于压力之下。

第一组学者关注人工智能如何引发法规、机构和法学界的系统性变化。一些评论者将网络法的核心见解和方法称为"整合机器人技术以及随后的任何技术的关键"。[12] 还有的评论者则建议我们应该用新的"可解释性"（explicability）原则来补充当前的道德理论和法律规制原则。[13] 我们在本书中部分探讨了这一问题，即分别在第二章和第三章研究了人工智能带来的人权问题和宪法问题。与法律和人工智能相关的重要原则包括法定代理人的地位、他们的合同和责任，以及对人权的保护。

第二组学者关注对于国家层面和国际层面的现行法律规制而言，遵循场景依赖方法可能产生的碎片化风险。由于人工智能可以是个多方面的概念，为了防止多个美国机构或欧盟当局采用不同的人工智能定义和概念化，以及对人工智能应该如何监管的不同观点的风险。在数据保护、通信法、卫生和金融部门或无人机系统和自动驾驶汽车方面参与人工智能规制的不同规制机构，它们的相互协调对于形成法律和人工智能的连贯框架至关重要。有的学者认为，这种协调应该会产生新的综合性机构。例如，在欧洲，有人提议设立"新的欧盟监督机构负责评估和监督人工智能产品、软件、系统或服务来保护公共福利"。这样的机构可以包括当前对人工智能具有监管权力的机构和当局的代表，例如欧盟的欧洲数据保护委员会和欧洲航空安全局（EASA），以及美国的联邦机构。[14]

第三组学者讨论了立法者和政策制定者通过法律实验方法应对人工智能挑战的几种方式。[15] 例如，日本政府为机器人和人工智能系统的实证测试和开发创建了许多特殊区域。迄今为止，这种形式的生活实验室或者特区（Tokku）涉及道路交通法（福冈，2003）、无线电法（关西，2005）、数据保护（京都，2008）、安全治理和税收规制（筑波，2011）和高速公路道路交通法（相模，2013）等领域。这些形式的法律实验，在金融部门（例如英国金融行为规制局在 2018 年的实验）和环境（例如新加坡国家环境局在 2019 年的实验）等领域，已经通过法律规制领域的规制沙盒得到进一步发展。在欧洲，就像在美国一样，此类实验在自动驾驶汽车和无人机领域特别受欢迎，通过公共授权创建特殊区域，进行强调真实世界条件的测试。这些法律实验方法应该被理解为处理如图11.1所示的人工智能从第一阶段到第二阶段发展转型及其相应法律问题的明智方法。

第四组学者研究了人工智能的法律规制和治理模型。有的学者提出了"敏捷和全面"的治理；还有的学者提出"受监控的自我规制"模式；纽约大学人工智能研究所（AI Now Institute）建议采用新的治理方法，包括人工智能行业的内部问责结构，以及实施独立监控和透明度工作。[16]然而，考虑到人工智能从第一阶段到第二阶段的转型（图11.1）及其相应的法律问题，我们发现自己处于与许多计算机科学家相似的境地，因为他们必须解决升级现有系统时在设计过程中出现的约束。在计算机科学中，这被称为"中间开始（Middle-Out）方法"，并在不同的专业领域发挥了相关作用，例如社会—技术和人工社会认知系统、人类计算交互和本体构建（ontology building）。[17]通过这种方法，人们将注意力吸引到设置传统的自上而下和自下而上的法律规制方法之间接口的制度层。这种方法可以为当前关于技术规制、数据网络和人工智能多个领域的辩论提供统一的框架。[18]

25年前，弗兰克·伊斯特布鲁克（Frank H. Easterbrook）法官发表了题为"网络空间和马的法律"（Cyberspace and the Law of the Horse）的重要会议演讲，反对将网络法定义为法律研究和诉讼的独特领域。他指出：

许多案件涉及马匹的买卖；有的案件处理被马踢的人；更多的案件是处理马匹的许可和赛马，或兽医对马匹的治疗，或马展上的奖品。任何将这些线索收集到"马法"（The Law of the Horse）课程中的努力都注定是肤浅的，也注定会错过统一的原则。[19]

一代人之后，在计算系统的背景下，伊斯特布鲁克法官的观点似乎很明显是短视的。法律观念和规则不仅有待立法，而且需要随着网络空间环境的发展和扩大而演变。[20] 由于人工智能对军事应用和民用部门的影响，在过去15年中出现了新的法律专业知识领域，例如法律和人工智能，这一过程需要继续下去。本书强调了人工智能所特有的规范挑战，讨论了人工智能在法律的横向和纵向层面引发的与（法律）人格、合同、责任和人权相关的一系列新法律问题，亦即将下列问题纳入考虑范围：（1）今天法律必须解决的人工智能规制的常见问题，例如我们在本节讨论的，也是贯穿本书的这类问题；（2）与人工智能相关的存在场景依赖的问题，例如我们在上一节中解决的这类问题。如图11.1所示，法律应如何调整人工智能从第二阶段到第三阶段的过渡及其相应的法律问题还有待观察。

第四节　结　语

作为法律自动化兼人工智能和法律的先驱，德国博学家威廉·莱布尼茨（Wilhelm Leibniz）曾经说过，"每个人的视野都只针对其当前的智力能力，而不是未来的智力能力"。[21] 在研究如第四章讨论的人工智能的法律人格问题或第七章讨论的人工智能的潜在刑事责任问题时，我们提出了一项关于未来的有趣观点，即法律将受到人工智能的挑战。法律和人工智能带来的问题不仅引人入胜，有时还颇具争议，正如本书的两位作者相互之间和其他法律学者之间争论的那样，我们是否可以期待人工智能系统在未来变得比人类更智能，如果这一切成真的话，人类是否会被贬低到社会中的次要角色——例如，被人工智能公司霸主（corporate overlords）雇用和解雇的工人——甚至人类的社会主导地位也会遭遇人工智能的挑战。[22] 但是，这些争议正在创造一系列有待本书读者解决的非常及时和有趣的问题；在这方面，我们希望本书提供的框架可以指导关于人工智能时代之法律未来的讨论。

如果人工智能的未来符合某些人的预测，我们认为超级人工智能时代的法律面貌，将主要取决于法律将如何解决人工智能从第一阶段到第二阶段过渡（参见图 11.1）的一系列复杂、开放性的问题。我们试图提供人工智能相关法律的最新摘要，以协助负责人工智能规制的立法者和政府机构，并提供框架来指导学生学习法律。我们所提供的人工智能相关法律摘要，其既可以用作法律课程的教科书，也可以作为人工智能相关法律概述供刚刚开始为智能机器或智能软件机器人纠纷提供诉讼服务的律师参考。最后，本书的目的是搭建一个框架，以便进一步讨论如何利用法律促进人工智能的创新，同时当人工智能在社会中更深入地扩散时保护所有相关当事人的权利。

注释

1. See R. Calo and D. Keats Citron, *The Automated Administrative State: A Crisis of Legitimacy*, 70 Emory Law Journal 797（2020）.

2. See M. Oswald, *Algorithm-Assisted Decision-Making in the Public Sector: Framing the Issues Using Administrative Law Rules Governing Discretionary Power*, 376 Philosophical Transactions of the Royal Society A, 2017.0359（2018）.

3. See A. Ezrachi and M.E. Stucke, *Virtual Competition*, Oxford University Press, Oxford 2016.

4. See J. Turner, *Robot Rules: Regulating Artificial Intelligence*, Palgrave MacMillan, London 2019, p. 276.

5. See E. Vayena and A. Blasimme, *Health Research with Big Data: Time for Systemic Oversight*, 46 Journal of Law, Medicine & Ethics 119（2018）.

6. 人工智能监管模型的关键组成部分是（1）适应性；（2）灵活性；（3）包容性；（4）反身性（reflexivity）；（5）回应性（responsiveness）；（6）卫生法的监督过程和结构。See U. Pagallo, P. Casanovas, and R. Madelin, *The Middle-Out Approach: Assessing Models of Legal Governance in Data Protection, Artificial Intelligence, and the Web of Data*, 7 Theory and Practice of Legislation 1（2019）.

7. See U. Pagallo, *Robots of Just War: A Legal Perspective*, 24 Philosophy and Technology 307（2011）.

8. See I. Wildhaber, "Artificial Intelligence and Robotics, the Workplace, and Workplace-Related Law," in W. Barfield and U. Pagallo（eds）, *Research Handbook on the Law of Artificial Intelligence*, Edward Elgar Publishing, Cheltenham, UK and Northampton, MA, USA 2018.

9. See F. Möslein, "Robots in the Boardroom: Artificial Intelligence and Corporate Law," in W. Barfield and U. Pagallo, *Research Handbook*, *supra* note 8.

10. 参见本书第六章。根据某些作者的观点，人工智能存在五种独特的规范挑战，涉及人类控制、责任、能力、自主和新型伤害。See L. Floridi, J. Cowls, M. Beltrametti, R. Chatila, P. Chazerand, V. Dignum, C. Luetge, R. Madelin, U. Pagallo, F. Rossi, B. Schafer, P. Valcke, and E. Vayena, *AI4People: An Ethical Framework for a Good AI Society—Opportunities, Risks, Principles, and Recommendations*, 28 Minds and Machines 689（2018）.

11. See C. Cath, S. Wachter, B. Mittelstadt, M. Taddeo, and L. Floridi, *Artificial Intelligence and the "Good Society": The US, EU, and UK Approach*, 24 Science and Engineering Ethics 505（2018）.

12. See R. Calo, *Robotics and the Lessons of Cyberlaw*, 103 California Law Review 513（2015）.

13. See L. Floridi et al., "AI4people," *supra* note 10.

14. See J.F. Weaver, "Regulation of Artificial Intelligence," in W. Barfield and U. Pagallo, *Research Handbook*, *supra* note 8.

15. See U. Pagallo, "LegalAIze: Tackling the Normative Challenges of Artificial Intelligence and Robotics through the Secondary Rules of Law," in M. Corrales, M. Fenwick, and N. Forgó (eds), *New Technology, Big Data and the Law. Perspectives in Law, Business and Innovation*, Springer, Singapore 2018, p. 281.

16. See W. Wallach and G. Marchant, *Toward the Agile and Comprehensive International Governance of AI and Robotics*, 107 Proceedings of the IEEE 505 (2019); and CEPS and A. Renda (ed.), *Artificial Intelligence: Ethics, Governance and Policy Challenges*, IEEE, Brussels 2019.

17. See, among others, E. Coiera, *Building a National Health IT System from the Middle Out*, 16 Journal of the American Medical Informatics Association 271 (2009); Y. Parag and K.B. Janda, *More than Filler: Middle Actors and Socio-Technical Change in the Energy System from the Middle-Out*, 3 Energy Research & Social Science 102 (2014); J. Fredericks, G. Caldwell, G. Amayo, and M. Tomitsch, "Middle-Out Design: Collaborative Community Engagement in Urban HCI," in OzCHI 16, *Proceedings of the 28th Australian Conference on Computer-Human Interaction*, ACM, New York, USA 2016, p. 200; M. El Ghosh, H. Naja, H. Abdulrab, and M. Khalil, *Towards a Middle-Out Approach for Building Legal Domain Reference Ontology*, 2 International Journal of Knowledge Engineering 109 (2016).

18. See U. Pagallo et al., *The Middle-Out Approach, supra* note 6.

19. F.H. Easterbrook, *Cyberspace and the Law of the Horse*, 1996 University of Chicago Legal Forum 207 (1996).

20. See L. Lessig, *The Law of the Horse: What Cyberlaw Might Teach*, 113 Harvard Law Review 501 (1999).

21. In A.P. Coudert, Leibniz and the Kabbalah, Kluwer Academic, Boston, MA and London 1995.

22. Woodrow Barfield, *Cyber Humans: Our Future with Machines*, Copernicus Press, New York, USA 2015; W. Barfield and A. Williams, *Cyborgs and Enhancement Technology*, 2 Philosophies 4 (2017); W. Barfield, *The Process of Evolution, Human Enhancement Technology, and Cyborgs*, 4 Philosophies 10 (2019); W. Barfield and A. Williams, *Law, Cyborgs, and Technologically Enhanced Brains*, 2 Philosophies 1 (2017).

索 引

（页码为本书边码）

图书在版编目(CIP)数据

法律与人工智能高级导论/(美)伍德罗·巴菲尔德，
(意)乌戈·帕加洛著；苏苗罕译. —上海：上海人民
出版社，2022
("人工智能伦理、法律与治理"系列丛书/蒋惠
岭主编)
书名原文：Advanced Introduction to Law and
Artificial Intelligence
ISBN 978 - 7 - 208 - 17784 - 0

Ⅰ.①法… Ⅱ.①伍… ②乌… ③苏… Ⅲ.①人工智
能-法律-研究 Ⅳ.①D912.174

中国版本图书馆 CIP 数据核字(2022)第 130844 号

责任编辑 冯 静
封面设计 一本好书

"人工智能伦理、法律与治理"系列丛书
蒋惠岭 主编
法律与人工智能高级导论
[美]伍德罗·巴菲尔德
[意大利]乌戈·帕加洛 著
苏苗罕 译

出 版	上海人民出版社
	(201101 上海市闵行区号景路 159 弄 C 座)
发 行	上海人民出版社发行中心
印 刷	上海新华印刷有限公司
开 本	635×965 1/16
印 张	16.5
插 页	4
字 数	185,000
版 次	2022 年 8 月第 1 版
印 次	2024 年 5 月第 2 次印刷

ISBN 978 - 7 - 208 - 17784 - 0/D·3969
定 价 80.00 元